1930年代の只中で

Alain Corbin,
Paroles de Français Anonymes :
Au cœur des années trente

名も無きフランス人たちの言葉

アラン・コルバン
寺田寅彦・實谷総一郎 訳

藤原書店

Alain CORBIN
PAROLES DE FRANÇAIS ANONYMES
Au cœur des années trente

Japanese translation rights arranged with
Editions Albin Michel
through Japan UNI Agency, Inc., Tokyo

〈訳者付記〉一九三〇年代のフランス——本書を読む前に

アラン・コルバン（一九三六—）は、「感性の歴史」の第一人者であり、大人物や大事件に焦点を当てる伝統的な歴史学に抗して、人々の感性や庶民に着目する著作を発表してきた。本書では、第一次世界大戦後の平穏な時期から、ファシズムが台頭し、緊迫した状況へ向かっていく戦間期フランスの一地方リムーザンで、ごく普通の人々が何を考え、感じていたかが研究されている。調査が行われたのは一九六七年であり、コルバンは当時三十一歳だった。オーラルヒストリーの黎明期に、新しい歴史学のため、若い歴史家は、図書館に引きこもるのではなく、街に出て、その時代を生きた人々に直接話を聞きにゆく。収集された人々の無数の言葉は、伝統的な、明快な一本線の歴史とは異なった、ある世界の、複雑な、生き生きとしたイメージを蘇らせる。この研究は長らく未刊行のままとなっていたが、五〇年以上を経た二〇一九年に、コルバンは新たに「序幕」をつけるなどして出版した。本書は、八十三歳となった老大家コル

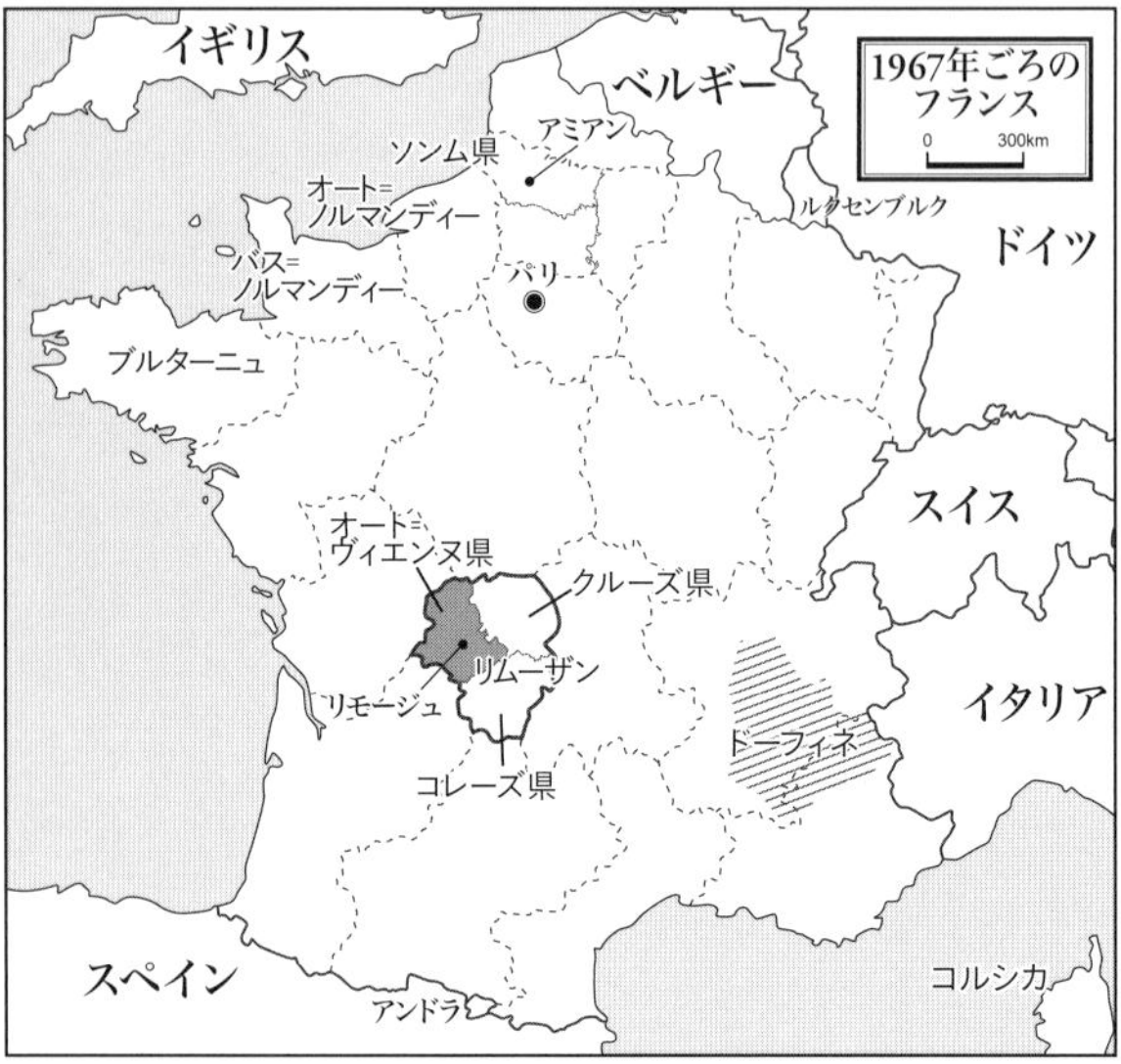

バンが、ある種の懐かしさを込めて彼の原点を示したものとも言える。

コルバンがリムーザンの人々に尋ねたのは、迫り来るファシズムの脅威を前に、左派連合の人民戦線が成立した一九三四年から三六年の記憶についてであり、本書では第一次世界大戦以降この時期までのフランス史の諸事実が頻繁に言及される。日本ではやや縁遠い知識が前提となっているため、関係する戦間期の歴史についてここで簡単に示しておきたい。

一九一四年のサラエボ事件に端を発する第一次世界大戦では、フランス、イギリス、ロシアの連合国（後にイタリアが連合国側に参戦）とドイツ、オーストリアを中心とする中央同盟国とが争った。フランスはドイツの進軍をマルヌの戦いで食い止めたが、以降、戦線は膠着し、四年にわたる塹壕戦が繰り広げられることとなった。アメリカの参加があり、戦争は一九一八年に連合国側の勝利で終わるが、各国は甚大な被害を受け、特に本土戦が多かったフランスの人的経済的損失は深刻だった。そのため、フランスはドイツに対し強硬な姿勢をとり、一九一九年のヴェルサイユ条約では、客観的に支払い不可能な巨額の賠償金などを要求した。さらにフランスは、支払いが滞るドイツに圧力をかけるため、対独強硬派であった首相レイモン・ポアンカレ(一八六〇—一九三四)のもと、一九二三年にルール地方を占領した。こうした苛烈な要求は、ドイツ国内での怨恨を増幅し、ナチスの躍進を助長することとなった。

一方で第一次大戦後は、戦争への反省から、世界初の国際的な平和維持機関である国際連盟が設けられ(一九二〇年)、国際協調の道が模索された時期でもある。協調を目指すイギリス、アメリカを振り切って強硬姿勢をとっていたフランスだが、ルール占領に対する批判の高まりや、賠償金の履行を掲げるグスタフ・シュトレーゼマン(一八七八—一九二九)の政権がドイツで成立したことなどにより、次第に緊張を緩める方向へ進む。一九二四年にフランスは、アメリカ資本を仲介に、賠償金の減額やルール撤退を盛り込んだドーズ案を受諾した。平和へ向けた取り組みでは、アリスティード・ブリアン(一八六二—一九三二)が重要な役割を果たした。

ブリアンは、独仏の国境不可侵を保障するロカルノ条約の締結（一九二五年）に尽力し、一九二六年にノーベル平和賞を受賞した。さらに一九二八年、戦争放棄を宣言するケロッグ・ブリアン不戦条約を実現した。国際協調へ向けた多様な努力が行われたこの時期、ヨーロッパは平和への途を歩み始めたかに見えたが、一九二九年に始まる世界恐慌が状況を一変させていく。

急成長を遂げていたアメリカの株価上昇が停止し、不安感から売りが殺到、「暗黒の木曜日」と呼ばれる一九二九年十月二十四日に、ニューヨーク証券市場は空前の大暴落を見た。不況は世界に波及し、特に戦後復興をアメリカ資本に負っていたヨーロッパへの影響は大きかった。フランスは重工業への依存度が小さく、被害は他国に比べ限定的だったが、不況は長期化する。植民地を多く持つフランスは、イギリス同様、経済圏を閉じるブロック経済で乗り切ろうとした。一方、ドイツや日本、イタリアはこれができず、自国で経済を回せるだけの領土、すなわち、自給自足圏、生存圏を求めて、他国への侵略が検討された。いわゆる「持てる国」と「持たざる国」の対立はこうして深まっていき、後者においてファシズムが進展した。各国が生存のために攻撃性を増していくなかでは、国際連盟の力には限界があり、ナチス・ドイツの国際連盟脱退（一九三三年）と再軍備（一九三五年）、また、ムッソリーニ、ファシスト党のイタリアによるエチオピア侵攻（一九三五年）などが起こる。

こうした状況を受け、フランスはファシズムへの対抗を掲げる左派連合人民戦線を構築していく。もともと戦間期フランスの政治勢力は、アクション・フランセーズなどの極右、右派の保守共和派、中道の急進社会党、左派の社会党（ＳＦＩＯ）、そして、極左諸団体という五つに分かれており、急進社会党が主要政党として中心的位置を占めていた。すでに共和主義的な代議制が前提となっており、その上で王政やキリスト教の伝統を重んじ、正統的秩序を目指す右派と、平等の実現のため社会改革を進める社会主義などの左派が対立していた。加えて、全体として勢いのあった左派系勢力はその内部で重要な分断が生じていた。これには一九一七年のロシア革命が影響している。戦中ロシアで専制君主ツァーリによる支配が倒され、ウラジーミル・レーニン（一八七〇―一九二四）のもとソ連が建国、共産主義のボリシェヴィキ政権が樹立された（このときロシアは中央同盟国と和平し戦線から離脱した）。左派の理想を実現するかのようなロシアの動向はフランスの左翼を魅了した。一九二〇年の社会党トゥール党大会では、ボリシェヴィキ革命に共鳴する者が多数派となり独立、フランスで初の共産党が成立した。労働者と固く結びつき、革命を企図する共産党は、あくまでも合法的に社会改良を行う社会党、右派にも傾く急進社会党をブルジョワ政党として激しく攻撃し、以降、中道と社会主義に対する共産主義の対立が生じた。

この対立構造が、一九二九年の世界恐慌以降、ファシズムが台頭していく情勢のなかで、変化していく。国内的には、一九三三年のスタヴィスキィ事件に続いて起こったファシズム的極右団体による暴動がその背景となっている。一九三三年、ユダヤ人詐欺師アレクサンドル・スタヴィスキィ（一八八六―一九三四）の信用金庫の詐欺行為が明らかになり、急進社会党カミーユ・ショータン（一八八五―一九六三）の内閣の植民相などがこれに関与していたことが露見した。さらにスタヴィスキィの突然の死によって、隠蔽を疑う右翼団体からの批判が苛烈になった。ショータン内閣は総辞職し、急進社会党のエドゥアール・ダラディエ（一八八四―一九七〇）が新たに組閣したが、社会党の希望に沿って警視総監ジャン・キアプ（一八七八―一九四〇）を罷免したことが右派の反発を招く。ついに一九三四年二月六日、「火の十字団」を中心とする極右連盟が下院議会を取り囲む暴動を起こした。警察からの発砲があり、一五名の死者が出た。実際には、火の十字団の指導者フランソワ・ド・ラ・ロック（一八八五―一九四六）は政府転覆は狙っていなかったが、フランス国内におけるファシズム台頭への危機感が生じ（ただしこの時の極右が実際にファシズムに該当するかには議論がある）、左派に団結の必要性を感じさせた。ダラディエ内閣は引責辞任し、ガストン・ドゥメルグ（一八六三―一九三七）の右派内閣に代わるが、国際的なファシズムの脅威を前に、左派勢力統合の機運は高まっていく。

一九三五年、ドイツの再軍備などを受けて、各国の共産主義運動を指導するモスクワのコミンテルンの第七回大会で、反ファシズム攻勢を強めるため、社会主義との協力体制を築く人民戦線戦術が提唱された。これに連動する動きとして、フランスでは一九三四年、共産党書記長モーリス・トレーズ(一九〇〇―六四)がそれまでの方針を転換し、社会党に反ファシズム統一行動を提案した。さらに一九三五年には、五月に締結された仏ソ相互援助条約を背景に、急進社会党がそこに加わった。こうして実現された人民戦線は一九三六年の選挙で勝利し、政権を獲得、社会党のユダヤ人政治家レオン・ブルム(一八七二―一九五〇)が新内閣の首相となった。ブルムは一九二〇年の、共産党が分離したトゥール党大会で少数派の社会党側に残り、その頃から、党を主導する存在になっていた。共産主義を含む人民戦線は、労働者に大いに希望を与え、各地で祝祭的なストが頻発した。これを鎮める目的でブルムは、賃上げと週四〇時間労働、初の有給休暇を制定した。他に、公共性、公平性のため国有化を進め、航空産業、鉄道においてこれを実現した。フランス銀行の国有化はできなかったが、国による監視を強化するとともに、従来二百の大株主(「二百家族」)に限定されていた議決権を、株主全体に広げた。しかし、ブルム政権は安定とは程遠かった。こうした政策に不満を溜める資本家、ブルジョワのため、平価切下げを行い物価が上昇し、労働者の反発を買った。さらに、一九三六年のスペイン内戦への対応が政府への信頼を失墜させた。ドイツ、イタリアが支援するフランシスコ・フランコ将軍（一八九二―一九七五）のクーデターに対し、ブルムは、全面戦争に発展することを危惧する政府内外の意見とイギリスの要請を受け、スペインの政権側に援助を送らなかったのである。これによって批判が高まり、経済政策への不満と相まって、一九三七年六月にブルムは辞職、一九三八年三月に一度返り咲くが、一月も持たずに内閣は崩壊、人民戦線は消滅したのだった。

その後、国際情勢は悪化の一途をたどり、一九三九年、ドイツのポーランド侵攻により、第二次世界大戦が始まった。フランスはドイツの攻勢を抑えきれず、一九四〇年六月、パリが占領され、独仏休戦協定によって降伏した。七月にヴィシー政権が誕生、フィリップ・ペタン元帥（一八五六―一九五一）がその政府主席ならびに首相の役に就き、副首相には、積極的対独協力者であり、人民戦線に敵対的であったピエール・ラヴァル（一八八三―一九四五）が就任した。

人民戦線政府に対する評価はさまざまだが、各国がファシズムに傾くなかで、左派諸勢力が団結した記憶は、現在までフランスの左派の重要な拠り所となり続けている。人民戦線が成立する一九三四年から三六年までの期間は、地方の、とりわけ左派思想の浸透したリムーザンの人々にとっては、フランス史上、際立つ一時期であったと言えるだろう。

（實谷総一郎）

1930年代の只中で

目次

1930年代の只中で

名も無きフランス人たちの言葉

凡例

一　原注は（1）（2）……で示し、該当ページの左端に置いた。
一　インタビューへの著者による補足は［　］で示した。
一　書籍・新聞・雑誌およびそれに準じるものは『　』で示した。
一　訳注は〔　〕で本文中に記した。
一　原文における明らかな誤記、誤植は訳者の判断で訂正し、そのつど明記はしていない。
一　引用文献は、既訳がある場合は参考にしつつ、本書の文脈を踏まえて訳した。

序幕

　パンタグリュエルとその仲間たちは、「氷の海」の果てに入り込んでしまった。そのとき彼らは凍てついて氷の中に閉じ込められた言葉を聞いた。ラブレーは「今や、厳しい冬も過ぎ去り、それらが溶けて聞こえるのです」と書いている。パンタグリュエルは上甲板に両手いっぱいに凍った言葉を投げつけ、そして水夫たちも、言葉を聞こうとして、氷を溶かそうと躍起になるのである。

　ラブレーのこれらの登場人物たちと同じ状況に、わたしはいる。五二年前、そのほとんどは庶民である一八三人の有権者が、一九三四年から一九三六年の間に彼らがもっていた意識、信念、政治にもつ感想を、わたしに打ち明けてくれたのであった。この期間は〔現在から見て〕

八〇年以上も前のこととなる。以来、彼らの言葉は学問の雪に埋もれて凍てついていた。今はみんな故人となった、話をしてくれたこれらの人たちに捧げて、今日、それが聞けるように、わたしは彼らが述べたことを溶かす義務があるのだ。

数十年の間、一九六七年になされたこの調査以来、わたしは約四〇ほどの古文書保存館、大部分は県立の保存館に、自分のことを書き表すことがなかった庶民の言葉を集めるためにしげく足を運んだのだった。この息の長い探求は失敗に終わったのだが、そのことをわたしは『記録を残さなかった男の歴史――ある木靴職人の世界 1798-1876』〔原題『ルイ＝フランソワ・ピナゴの見出された世界』[1]〕で詳述した。庶民の言葉は永久に消えてしまったのである。

さて、一九六八年に口述審査を受け、その後紛失していた自分の拙い〔第三課程〕博士論文[2]を読み直し、いろいろと後悔の念を抱いた。なぜわたしはかつて質問をした人たちの言葉を一度も世に伝えることをしなかったのだろうか。繰り返すが、彼らはみな死んでしまっている。それでも五〇年前に彼らは彼らの思い出をわたしに伝え、一九三四年から一九三六年の人民戦線の選挙での勝利の間に起こった様々な出来事から彼らが得た所感を語ってくれていたのだ。この小さな本はいわば台本である。理想は誰か才能ある俳優が彼らの言葉を借り、その言葉を述べることだろう。わたしの考えでは、おそらく彼らの言葉から一つの舞台作品を作れるだけの素材があるだろう。だが、高望みはいけない。半世紀以上も埋もれていた言葉をあらためて書き写し、せめて一部だけでも、読者の手にゆだねるにとどめようではないか。これが、自身も墓に片足を入れているような年齢のわたしが、複数の時間軸が交錯する複雑な全体に取り組もうとした理由である。

一九六七年に実施された本調査の手法について詳述する前に、この調査がオート＝ヴィエンヌ県で行なわれたものであることを明らかにしておこう。別の場で[3]、第二共和政以降のこの地方における左派の伝統の誕生について詳しく述べた。より正確に言えば、この県では、社会主義を支持することに価値があり、それは個人のアイデンティティを形成するものだったのであ

（1）Alain Corbin, *Le monde retrouvé de Louis-François Pinagot. Sur les traces d'un inconnu 1798–1876*, Paris, Flammarion, « Champs », 2013.

（2）この〔第三課程〕博士論文は『フランス人民戦線の前触れ』という題で、一九六八年十一月のものである〔コルバンは一九六八年に第三課程博士論文の、一九七三年に国家博士論文の口述審査をそれぞれ受けて学位を取得している〕。フレデリック・ショヴォが、わたしを驚かそうとして、ポワチエ大学でこの博士論文を一冊見つけて複写し、そのコピーをくれたのである。さらにパリにもう一冊があることも知ったが、それはパリ第一大学パンテオン・ソルボンヌ（マーラー通り九番地）の社会史センターの蔵書の中にある。

る。かくして、ドイツ軍支配以後の解放直後に短い中断の時期があったことを除けば、一九〇五年からつい最近まで、百年以上にわたってリモージュ市は社会党市議団が率いていた。特に県北部の郡において大規模であった十九世紀以降のパリへの短期出稼ぎの慣行、ヴィエンヌ川流域の産業労働者とリモージュの磁器製造業者に向けて行なわれた社会主義のプロパガンダ(4)、大きな支配力を持ちうる有力者が稀であったこと、また、極度のキリスト教離れ——とはいってもこの地方では真のキリスト教化は一度もなかったのではあるが——、こうしたものが左派支持とリムーザン地方のアイデンティティとの結びつきをしっかりとつなぎとめていたのだった。そして、それは幾世紀にもわたり軽視されていた地方の住民である、という感情によってさらに強くなっていた。ラブレーの、モリエールの、ラ・フォンテーヌの、そして十九世紀のパリっ子たちの嘲弄がそれを示しているように(5)。

それに加えて識字教育の遅れがあった。十九世紀には如実だったが、その後は顕著ではなくなってきていた。聞き取り調査を行なった有権者で一九三四年に(彼ら自身あるいは彼らの両親が)車を所持していた割合は二二パーセントだった(農村部では二六パーセントで都市部では一九パーセントだった)。一七パーセントの有権者は定期的に映画館に行っていたが、農村部では一〇パーセントにすぎなかった。最後に、三七パーセント(の有権者)がラジオか鉱石受信機を一台持っていたが、田舎では二四パーセントだけだった。

ここでの目的はリムーザン地域圏の現代史の表を作成することではない。それでも次のことを明らかにしておこう。すなわち、オート＝ヴィエンヌ県は、すでに触れた産業――サン＝ジュニアンの手袋産業とサン＝ティリエ近郊にあるチャイナクレー産業――のほかは、どれも畜産と農業の地からなるごく小さな地方がパズルのように組み合わさってできている。

しかし、肝心なことは、調査をするにいたったということで、オーラルヒストリーと呼ばれたものの黎明期に行なわれた。オーラルヒストリーとは、よく言われるが、この少しのちの一

（3）Alain Corbin, *Archaïsme et modernité en Limousin au XIXe siècle, 1845-1880*. Tome 1 : *La rigidité des structures économiques, sociales et mentales*. Tome 2 : *La naissance d'une tradition de gauche*, Paris, Marcel Rivière, 1975, 2 vol. 簡単なアップデートがされて一九九九年にリモージュ大学出版から再版されたが、今は絶版で、オンライン版しか入手できない。

（4）とりわけクルーズ県ブサックに長く住んだ社会主義者ピエール・ルルーの思想のプロパガンダ。

（5）François Rabelais, « Comment Pantagruel rencontra un Limousin qui contrefaisait le Langaige françoys », Paris, Gallimard, coll. « Bibliothèque de La Pléiade », 1995, p. 211-212. Molière, *Monsieur de Pourceaugnac*. La Fontaine, fable « Le coche et la mouche ».

九七〇年代(6)の間に生まれた。実を言うと、その始まりはきわめて複雑である。一世紀以上も前から民族誌学者――のちに彼らは民俗学者と名付けられる――は、「人の記憶」の力を借りていた。そして物質文化、慣用、ならわし、民間伝承的な慣行、そして大衆音楽にまつわる思い出を集めていたのだった。一九三〇年代の民俗学者はこの流れで仕事を続けていた。しかし、彼らの目的は過去の政治的意識や、かつての出来事によって想起された印象を収集するということではなかった。

同じころ、社会学者や政治学の研究者はすでにたいへんよく使われるようになっていた教科書(7)で、インタビューや意見収集の手法を規定していた。しかし、今一度述べるが、わたしの知る限りは、オーラル調査、ジョルジュ・カステラン教授が考え、高等研究免状を準備しようとしていた彼の学生たち(8)に割り振って実施した類の回顧調査はなかったのである。

わたしとしては、その一九六六年という年に資料編纂を完成させており、七年後に、そのおかげで大部の国家博士論文の口述審査を行なうことができ、それは一九七五年に出版されたのである。その時期、フランス現代史はエルネスト・ラブルースの絶対的な影響下にあった。彼はあたかも内務大臣がそうするかのように、「博士論文準備中の学生」にさまざまなフランス地域を割り振り、経済的・社会的・宗教的な構造を調査して、そこから政治的態度を推論する

(6) オーラルヒストリーが一九七〇年代になってはじめて出現したという考えは今なお存在している。たとえば、『社会運動』誌（二〇一六年六―九月号第二五六号）でイングリッド・アイエは「一九七〇―八〇年の間に創始されたオーラルヒストリー」に触れている（一一九頁）。彼女は、それは「伝統的な古文書から欠落していたものを埋めるために、それまで言葉を持たなかった人たちに発言させること」だ、と書いている。彼女はジェラール・ノワリエルを引用し、ノワリエルが一九八四年にロンウィを扱った自書（Gérard Noiriel, *Longwy, Immigrés et prolétaires, 1880-1980*, Paris, PUF, 1984, p. 391）の中で、かなり後になってからだが、労働史を形成するには今まで章の中で決して発言がなかった「人々に話をさせる」ことで事足りると断言したことを挙げる。

(7) 当時わたしが使っていた書籍から、以下のものを挙げておこう。Maurice Duverger, *Méthodes de la science politique*, Paris, PUF, 1959, 492 p. Léon Festinger et Daniel Katz, *Les Méthodes de recherche dans les sciences sociales*, Paris, PUF, 1957, 447 p. Le Centre d'études de communication de masse, la Revue *Communications*, Paris, École pratique des Hautes Études. Jules Gritti, « Le centre d'études de communications de masse. Bilan triennal et perspectives », *Annales. Économies. Sociétés. Civilisations*, n° 5, 1967. その他、方法の情報を以下の書籍からも得ていた。Maurice Duverger, François Goguel, Jean Touchard (dir.), *Les Élections du 2 janvier 1956*, Paris, Armand Colin, coll. « Cahiers de la Fondation nationale des sciences politiques, n° 82 », 1957. *L'Établissement de la Cinquième République. Le référendum de septembre et les élections de novembre 1958* (préface Jean Touchard), Paris, Armand Colin, coll. « Cahiers de la Fondation nationale des sciences politiques , n° 109 », 391 p.

(8) Michèle Labrousse, *Les Élections de 1936 et les débuts du Front populaire dans la Vienne*, DES d'histoire sous la dir. de Georges Castellan, université Poitiers, 1964. はその例。

ことを命じた。わたしはといえば、リムーザン地方をあてがわれていたのである。しかしながらそれに先立つ四年間（一九六一―六六年）、ある方向転換があったために文化史、より正確に言えば歴史的人類学にわたし自身は向かっていた。

したがって一見したところ、わたしはオーラル調査に取り組むにはあまり適任とは言えなかった。たしかに、カンの学生だったので、できたばかりの社会学部門の幾人もの同僚たちと親しいつながりを持ってはいた。例を挙げれば、その二年後には、わたしはノエル・ジェロームの業績を追っていた。彼女は国立科学研究所で長く働くことになるが、その頃はアルジェで住居の変化についてのオーラル調査を行なっていたのである。ピエール・ブルデュー〔一九三〇―二〇〇二〕の学生であった彼女は、彼がインタビューをどんなにか巧みに行なえたかを現場で見て取り、わたしに教えてくれた。要するに、わたしは、とりわけオーラル調査の方法についての解説書を幾冊もしっかり参考にしたこともあり、まったくの門外漢というわけではなかったのだ。しかしながら、純然たる歴史プロジェクトにかかわるものはどこにも見つけ出すことができなかった。自分でこしらえなくてはならなかったのである。

一九六八年のあの突然の出来事〔同年起こった五月革命〕に先立つ年、丸一年をかけて、わたしは一九三六年と一九六六年の選挙人名簿の両方に登録がある人々の集団に訪問調査を行なった。これはわたしが歴史資料で行なった調査に対応したものであったが、つまるところ、繰り返しになるが、こちらの方がより実り豊かなものだったのである。事実、これらの訪問の間に、わたしは紙の資料の中に探しても無駄骨だった言葉を手にすることができたのだった。

その頃、わたしは三十歳だった。わたしは一九五九年からゲ＝リュサック高校の上級教員であったが、そのことが大いに威信ある地位をわたしに与えてくれていた。リムーザン地方ではこの高校が当時、地方の最たる有名校であったことはだれもが知っていた。その同じ年である一九六七年は、リモージュ大学の揺籃期で、そのおかげでCLU（大学文学センター）で教鞭を執ることができた。

さて、わたしが労働者や勤め人、農業従事者たちに質問を投げかけることになったオーラル調査の話に戻ろう。まず、一九三六年に有権者であり得た人々を可能なかぎり代表する標本抽出の作成が必要だった。手順は容易だった。一九三六年と一九六六年の選挙人名簿を見比べて、まだ生きていた人の標本抽出をするだけでよかったのである。リモージュ市については、苗字がBAとBEの文字で始まる人たちのリストを作った。彼らは百人近くいて、選挙人名簿のおかげでわたしは彼らの住所がわかった。

この最初の手続きのおかげで、付随的なことだが、重要度が異なる二つのことを確認することができた。（1）一九六六年の選挙人名簿の過失が明らかになった。なぜならわたしの作った標本抽出にいた五人の選挙人は実のところ死んでいたのである。明らかにさほど悲しげでもなさそうな未亡人はわたしにこう言うしかなかったのである。「BA…さんにお会いになりたいのですか……じゃあお墓に行きなさい！」と。（2）二つ目の教えはほとんど強調されてこなかったようにわたしには思えるが、一九三六年と一九六七年の間にアドルフという人たちがいなくなっていたことである。ある有権者は次のようにわたしに言ったのである。「ここにはアドルフなんて人はいませんよ、あなた。でもアンリはいますよ！」。調査に愛想よく答えてくれはしたのだが。

農村部については標本抽出はずっと困難だった。そこでわたしはこの県の地区全体に点在していた六つの地方自治体を、それぞれの小さな地域が代表されるように注意しつつ選んだ。役所の事務員の助けを借りて、わたしはまだ生きている有権者のリストを調べた。彼らによれば、まだわたしの質問に応じることができるということだった。合計でこれらの農村の人数は――その大部分は農業従事者であったが――リモージュ市についてわたしが定めた人数と同数であった。

わたしが克服しなくてはならない困難は都市と田舎では異なることが明らかになった。リモージュ市での標本は大部分が労働者や勤め人から、つまり手短にいえば都市のプロレタリアからなっていたのである。さて、わたしはノルマンディーの田園地帯の出身だったので、この階層の人たちを知らなかった。それゆえわたしは遠慮がちだったのである。わたしのリストの最初の有権者は元陶器職人だった。その住所はわたしを、ヴィエンヌ川のほとりにある「橋地区」というもっとも貧しい、リムーザン地方の主都の全地区でもっとも荒廃した地区に足を向けさせたのだ。この男性の住まいにつながるぐらつく階段をのぼりながら、わたしはとても不安だったことを思い出す。扉をノックした。彼が戸を開けた。石鹸の泡でいっぱいのたらいの上でひげをそっているところだった。予期せぬものであったにちがいないこの訪問の理由を説明するのには、あまり良いタイミングではなかったように思われた。しかしたいへん驚いたことに、彼はきもちよく迎え入れてくれた。そして愛想よくわたしの質問に答えてくれたのである。この最初の経験は本調査の続行にすっかり自信を持たせてくれた。

農村部では、わたしはずっとのびのびとしていた。わたしがごく小さかったころ、そして青少年だったころに、小道をたどり、農家の人に会って、彼らと話をすることに慣れていたのだった。結局のところ、リムーザン地方の農業従事者たちは、バス＝ノルマンディー地域圏の田園地帯でわたしが出会った農業従事者たちとほとんど違いがなかった。番犬がほぼすべての農園にいることも変わらなかった。犬たちは吠え、牙をむくが、幸いなことに、犬たちが騒ぎ立てると、飼い主がおとなしくさせに出てくるのだった。わたしの訪問は都市部よりも農村部で、より驚かれたようだった。リモージュでは、生き残っていたほとんどすべての有権者は退職していて、彼らは暇を持て余していた。農村部では、多くは仕事を続けているか、あるいは少なくとも、なんらかの役に立っており、「やることがある」のだった。

ある日、わたしの標本に名前がある面談者の家の近くの牧草地を歩いていた。その人が目に入ったが、しゃがんで、物置の中で血に染まったたらいの中で子牛の頭を洗っているところだった。彼はそれほど驚いた様子も見せず、ていねいにわたしの訪問を受けてくれた。そして作業をやめることなく、わたしを母屋に入るように促すこともせず、答えてくれたのだった。

このような応対は、都市部でも、そして農村部ではさらに例外的だった。部屋に――そこはときには土がむき出しのままのこともあったが――愛想よく通してくれたあとで、夫婦そろってわたしの話を聞いてくれて、たいていの場合は彼らがわたしのしていることを理解したことを分からせてくれた。

今日(二〇一九年)では、この手の応対には驚かされるかもしれない。予期せぬ訪問はもはやほとんど許されない。嫌なことがあまりに行なわれるようになったため、警戒感が広まったのである。この時代はそういうわけではなかった。歳をとった有権者たちは電話を持っておらず、訪問するとあらかじめ伝える方法がなかったのである。彼らに手紙を書くのは極めてやっかいなものであっただろうし、おそらく逆効果になっただろう。反対に、わたしの年齢や、わたしの自己紹介の仕方、とりわけわたしのゲ＝リュサック高校での教員としての身分がわたしに有利にはたらいたのだった。わたしはただただ尊敬されるべき人物であり、またずっと年長の教授であればあまりに恐れ多いこともあったろうが、そういうこともなかった。

とにかく訪問した有権者の三四パーセントが、わたしの話を聞いたあとで、わたしの調査への同意を望まないことをわたしに分からせた。それは結局のところわたしが予期していたのよりもずっと低い割合だった。

もうひとつ満足したことがある。女性たちの態度である。思い出してほしいが、彼女たちは一九三六年には投票権がなかった。「なにか飲み物を」と誘ってくれたのはたいがいは彼女たちなのだった。わたしはコーヒーが大の苦手だった。ものわかりがよい彼女たちは奥に引っ込んだものだった。面談中は彼女たちは家事に励もうとしていたり、料理に専念しようとしていて、話に割り込まないようにしていた。ただし、極めて数少ない例外ではあったが、昔のことを思い出す手助けをする時は別である。「ほら、あなた、あの子の聖体拝領の年だったわよ」

と彼女たちの一人は夫に告げたのだった。とはいえ、標本にはかなりの数の寡夫がいたのであった。個人授業をしていた生徒の一人と駆け落ちして妻に捨てられたといううわさが流れたあの教師は別にしてもである。

わたしは録音機を持ち込まないようにしていた。当時はこの手の機器は一般にかなり大きなサイズだった。それはわたしの話し相手をひどく不安にさせたことだろう。わたしはノートの紙に鉛筆で、返答の要点を書いておくにとどめていた。そして、車中に戻って落ち着いていたらすぐにそれを読み直し、「清書」したのだった。

その前の年、わたしは地方紙（『ル・ポピュレール・デュ・サントル』紙、『レコ・デュ・サントル』紙、『ル・クーリエ・デュ・サントル』紙）のうんざりするような分析に没頭していた。わたしは、これら政治色の異なる新聞に掲載された、一九三四年から一九三六年の時期の重要な出来事に割かれた記事の面積を二〇センチの定規を使って測っていた。同時に、わたしは記事の文面に出てくる同じテーマの「情報単位」の数を数えていた。(9)これらの面倒な手法は時代遅れである。もはや使われることはない。そのうえ、この地方紙というのは、その大部分が全国紙の反映であった。いずれにせよ一九三四年から一九三六年の時期にすでにたいへん広く普及していたこれらの新聞の分析のおかげで、わたしは翌年のオーラル調査のときにした質問を作るのが楽になった。

有権者訪問には感動的なことも多くあったが、むろん、いくつかの例外を除いて忘れてしまった。ひとつの例を出すにとどめておこう。グレーの長い作業着を着た元陶磁工の一人がわたしに会ってくれることになっていた。彼はおそらく公営住宅である小さなアパートに住んでいた。その中は質素だが清潔だった。わたしがレオン・ブルムについて彼が持っていた意見を問うたところ、彼はすぐに返事をしなかった。明らかに思い出が彼の胸を強く揺さぶっていた。声は出さずにいたものの、彼のほほを涙が伝うのをわたしは見た。とうとう彼はわたしにこう言った。「先生、あの男にわたしたちが寄せた希望のすべてを考えるのですが、ほら、わたしがどうなったかご覧になってください」。わたしは実のところ他のインタビューの相手に比べれば彼がずっとよい境遇にいることを言いたい気がしたが、差し控えることにした。

一九三六年六月の国民議会選挙の候補者のうち、まだ生きていた二人が一九六七年にわたしに会うことを了承してくれた。「保守派」の人は品がよく、老人っぽいところはまったくなかっ

(9) Violette Morin, « Le voyage de Khrouchtchev en France : essai d'une méthode d'analyse de la presse », *Communications*, n° 1, 1961, pp. 81-108.

た。彼はとりわけ選挙集会での騒然たる雰囲気のことを口にした。労働者たちは総出で彼に反発したのだった。彼がもっとも鮮明に覚えていた出来事は、ある一人の「労働者」から殴られたことだった。そして彼はわたしに「本当ですよ、労働者のげんこつは、それは痛いものです！」と言ったのだった。

一方で、わたしに会ってくれるという共産党の元候補者はどうかと言うと、攻撃的なところがまったくない人物だった。彼はリモージュ近郊にあった小さな一軒家に住んでいた。この人の素朴さは胸をうつものがあった。彼にとってもっとも強く記憶に残っている思い出は、選挙戦の間に共産党員によって開催された楽し気な小集会の思い出だった。スピーカー付きでですよ、と彼は忘れずに付け加えた。彼はわたしにはっきりと詳しく集会の様子を描写してくれた。にぎやかな思い出を長々と説明してくれたが、なによりもその記憶が彼の胸を震わせたのだった。これらの小さなお祭りのさいちゅうにティノ・ロッシの歌が流れていたのだった。「なんて声でしょう！　なんてすばらしいんでしょう！」彼は繰り返した。そしてこのコルシカ出身の歌い手の長い思い出話で、わたしたちの調査は終わったのだった。涙を流さんばかりだった。

この取るに足らない思い出の跡をたどる長い調査を終えて、わたしは政治的言論の歴史を新しい見方で考察するようになっていた。得られた回答は想像世界の形成において、ステレオタイプが持つ力、またそれが果たす役割を強調していたのだった。意識や言論が形作られるのは学校、軍隊、工場、作業場、ビストロであった。新聞・雑誌を読むことはたいした役割を果たしていなかったようだった。一方で「地域主義」とでも言うべきリムーザン地方のアイデンティティに属するもの、すなわち、思い出や情動の焦点を近しい人に当てるその性向が、言論形成の大きな要因になっていた。そのような言論は――驚くようなことではまったくなかったのだが――社会的地位で異なっていた。知的思索がもたらすものよりも、雰囲気や人と人とのふれあいの重みをこれらの回答は明らかにしていた。

この超低空飛行の歴史、この失われた政治思考構造への潜行、この多様な時間軸の戯れは今日、かつての政治の立役者たちの回想録や自伝を読むことでは生じない一種のめまい、時系列的な感覚の揺らぎを生む。これこそが本書の目的である。

この試みは一九六八年十一月に百人以上の学生と教授を前にした晴れがましい〔第三課程〕博士論文口述審査で終わった。[10] 審査団のメンバーは調査の間に出会った相手の人たちと同じく亡くなっている。ひとことで言えば、わたしはさしあたってのところこれから語る話の最後の生き残りだ。審査団のメンバーはわたしの研究論文をたいへん高く受け入れ評価してくれたのだが、わたしが彼らの身上についてわざわざ述べるのは、彼らが若いときにフランス人民戦線の選挙での勝利に先だった時代を生きていたからである。したがって、彼らは今日の大学教員よりもずっとかつてのわたしの面談者たちの言葉を理解することができたのだ。

【第三課程】博士論文口述審査のあとほどなくしてから、友人がブリーヴの社会党支部の図書室に博士論文一部を寄託した。彼女がわたしに教えてくれたことだが、フランソワ・ミッテランが来訪したとき、論文に目を通して興味深くかつ面白いと思ったとのことだった……。

今の読み手がこの論文をどう考えうるかは分からないが、しめくくりとして一九六九年にこの研究がどのように受け入れられたかについてのエピソードをお話しすることができよう。その年の初め、わたしはソルボンヌで——ソルボンヌはその数ヶ月前に占拠されていたのだが——ジャック・ドローズ教授のセミナーに調査の発表をしに招かれた。そのころは、聴衆の学生の雰囲気は、紛糾していると言わないまでも少なくともかなり騒々しいものだった。もっとも、発表は首尾よく終わった。あの「五月革命」の雰囲気のなか、明らかに敵対心むき出しのある学生が強い調子でまとめた留保を表明した。記憶をたどることに頼っているわたしの手法を認めないと彼はわたしに言った。つまり彼は、一九六八年に起こった出来事からほどない時期なので、民衆に「プルースト的なアプローチ」をそそのかす時ではないと考えたのだった。

しかし今や、わたしが話を聞いた人たちの凍った言葉を溶かす時が来たのである。(11)

(10) ソルボンヌ教授で主査のジャック・ドローズ Jacques Droz、*Dictionnaire biographique du mouvement ouvrier français* (DBMOF), Éditions ouvrières, 1964-1967 (repris par Claude Pennetier à partir de 1987), 44 volumes で知られるジャン・メトロン Jean Maitron、ポワチエ大学教授で審査報告者のジョルジュ・カステラン Georges Castellan。

(11) 口頭で投げかけた個々の質問の文面や、回答を定量化してまとめたもの、そして、とりわけ一九三〇年代の有権者の一連の言葉の例を示していくことになる。わたしが〔第三課程〕博士論文に書いていた評釈の文章や結論からの抜粋――それはこの小さな本の結論となるものである――を変えることはしなかった。

第1章　革命の脅威？

十二月二十八日、バイヨンヌ市立信用金庫のスキャンダル〔一九三三年末に起きた詐欺・汚職事件〕が明らかになった。この詐欺行為により腐敗の広範な組織が明るみに出たが、その組織では誰もの口にのぼるアレクサンドル・スタヴィスキィの名が著名である。彼は謎めいた状況で死体で発見された。非難を受けて政府は辞職を余儀なくされた。急進派のダラディエが新内閣の組閣の任に当たったが、安心材料を社会主義者に与えようとした。彼は、抵抗右翼勢に対して対応が甘すぎるパリ警視総監ジャン・キアプを更迭した。極右連盟はこれを挑発とみなして、在郷軍人会のＵＮＣ〔Union nationale des combattants〕とともに大規模デモを開始した。一九三四年二月六日にそのデモがあり、今にもクーデターが起こりそうにまでなったが、凄惨な弾圧が行なわれて終わった。一五人の死者と千人以上のけが人が出た。これによりダラディエ政府は辞職。ガストン・ドゥメルグによって取って代わられた。彼は議員ではない右翼勢と合意するための着地点を見出すことによりたけているのであった。彼の内閣は、別名、和合と和解の内閣と言われている。諸同盟はいったん落ち着きを取り戻した。

――わたしは、戦間期における重大な危機とされることが多いこの出来事について、わたしの質問相手の人たちに尋ねることにした。**「一九三四年の二月六日のことを覚えていますか。もしそうなら、とくに印象に残ったことは何でしたか」**。わたしが作った質問文はこのようなものだった。

＊　＊　＊

質問を受けた有権者の中で三四人はこの出来事を覚えてはいたものの、そのとき受けた印象については思い出すことができなかった。印象を思い出すことができた人は八五人で、そのうち二〇人が、リモージュ市のファーブル医師の息子の死にとりわけ心を動かされたと述べた(この若い学生は一九三四年二月六日にデモ隊にいて殺された)。たとえば、一人の靴の裁断職人がわたしに言う。「ええ、覚えています、パリでの大きな暴動でした。わたしたちにとってはとんでもないことでした。考えてもみてください、ファーブル先生はわたしたちのお医者さんだったんです。そしてわたしたちは先生の息子さんに会ったことがありました。一度、わたしたちを診てくださった父親と一緒に来ていたのです」。

社会的には異なる階層の一員だが、ある田舎教師が断言する。「これらの事件にかなり大きな反響があったのはファーブルの息子のためですよ。なによりもそれです」。

わたしから質問を受けた人の中で一九人は(誰かをとがめるようなことは控えているものの)、革命の始まりか、革命の脅威につながるなにか重大なことが起こっていたという印象をもっていた。彼らの中である陶磁器職人が「まったくひどかったですよ」と言う。「パリでは大乱闘があってほとんど革命だったんでさあ」。陶磁器業のある日雇い労働者は思い出す。「ああ! そうです! コンコルド広場、乱闘。革命の始まりでした」。

「王党派の騒乱」

二人の小作農がこの見方に賛成している。その一人は父親のもとで働いている。「革命!

町で話してましたよ。『革命か』と言う者もいましたし、別の者たちは、いやいやなんとか収まるさと言ってましたよ」と彼はわたしに言う。もう一人の小作農は「パリの騒乱は王権派のものだったんでさあ。だって、あっしらのお上は王政を望んでましたからね」と言う。「パリの暴動ですが、ほんとうにまずい、破滅の一途をたどっているのだという気がしていました」と、地主で農業経営者の男がこの記憶に同意する。「みんな一九三四年二月六日のことを覚えています。パリではほとんど革命だったんです。しかしここではただただ混乱していました。右翼のやったことか、左翼のやったことか分かりませんでした」と、自営の理髪師が断固として述べる。「パリのあれですか。訳が分からなかったんですよ。こうしろああしろとも言われませんでしたしね。これじゃあ革命になっちまうんじゃないか、と言う奴らはいましたよ。でも仕事であまりに忙しいんで、そんなに怖いというわけではなかったですなあ」とは、小地主で農業経営をしている男の言である。

より不安げだったのは金利生活をしている地主の答えである。「政体が危機にさらされているという気になりました。実際、わたしたちはパリの言いなりだと、数日の間話題になっていました」。さらにもっとはっきりしているのは、ある小地主の経営者だ。「パリの暴動ですか。クーデター以外のなにものでもなかったのですよ。あの時は大荒れでした。村でもそのことでもちきりでした。激しい動揺を覚えました」。もう一人の地主の経営者はより雄弁だった。「クーデターの企て、革命の兆し、その重大さを理解できていませんでした。新聞ではもっぱら地域の出来事や株式市場欄を読んでいたので、あまり事情が分かっていなかったからです。バカンスに来ていたお隣さんはパリの警察にいたんですが、家に来たときに話をしてくれていました。コンコルド広場で逮捕騒ぎがあって、翌日は労務者帽が山のように転がっていたのです」。

昔の有権者のうち二三人は、二月六日の諸事件が軍事クーデターか極右勢力のクーデターだったと考えていた。ファシズムだと口にするものもあった。「デモは右翼、かくれファシズムによるものですよ」と靴職人は述べた。「二月十二日に反撃がありましたが、まずいなと思いました。軍事クーデターの陰謀がつぶされたんだって思ったんです。そりゃあ不安でした」。フランソワ・ド・ラ・ロックか火の十字団の仕業だと見る者もいた。「状況は悪かったです」とはパリ－オルレアン鉄道〔パリからリモージュを経由し仏南西部に至る鉄道路線〕の車掌の言である。「火の十字団が議会を攻め落とそうとしていました。橋で乱闘騒ぎがあったんです」。小さな製造業の会社社長はこう言った。「覚えてますよ。パリの暴動、火の十字団、フランソワ・ド・ラ・ロック、ファシズムと、フランスは反乱分子と共産党シンパという極右・極左の二つに分断されて、哀れでした。これからどうなってしまうんだろうと思いました。また始まったのだ、という気分でした」。

ある農夫の言はもっとはっきりとしていた。「その時、地主のために養兎場のモデル農園を見学しに、セーヌ・エ・オワーズ県〔旧制度の県名でパリ近郊に位置した〕に行かなくてはならなかったのです。荷造りはしていましたが、事件を見てこわくなり、行かずにいました。火の十字団のことは芳しくない印象を持っていました。奴らは勢力がありましたが、ダラディエも強かったと思います」。

わたしが質問をした相手のうち何人もがこれらの動乱を王党派の運動だと理解した（一人を除いて全員が農村の人であった）。「パリの事件ですか。嘆かわしいことでした」と一人の機械工は考えていた。「王党派の機運が高まっていたのですが、それが阻止されたのです」。製紙業の工員はもっと明らかである。「ダラディエが出兵させていなかったら、王が据えられていたにちがいない。王は待ち構えていて、あと一歩のところだと思っていた。しかしダラディエがそうすることを妨げたのだ」。機動憲兵隊に入ったばかりだった若い地主経営者が置かれていた状況は異なっていた。「わたしには個人的に関わることでした。というのもわたしはパルトネ〔ドゥー＝セーヴル県の町〕の機動憲兵隊にいたからです。リールに派兵されたのでした。こちらでは騒動になっていました。火の十字団が君主制を再び敷こうとしていたと皆が思っていたのでした」。

ワイン業者がこの事件を元兵士たちの運動だとみなしていたが、彼の見方は例外的だった。「元兵士たちは議会の前でデモを行なったのですが銃撃戦になりました。わたしの父は元兵士でクレマンソー〔ジョルジュ・クレマンソー、フランスの政治家、一八四一―一九二九〕の熱心な支持者でしたが、このデモは的を射たものではないと考え、ひどく衝撃を受けていました。家族で話したのですが、みんなが動揺していました」。

見識の高さの表れであるが、五人のかつての有権者が、国家の統合が破綻したのはつらいことだったと述べた。ある銀行職員はそのような意見だった。「下院でのパリの話ですか。がっかりしました。フランス人同士がこのようなことをするべきではないのです。つらい思いでした。互いに傷つけあうようなことはしてはいけません」。ある実業家はこう述べた。「訳が分かりませんでした。みんな終始狼狽していました。フランス人同士の間で起きたこの事件のために数週間にわたりわたしたちは悲嘆にくれました。それに何もいいことがなかったのです。ドゥメルグが戻ってきただけでした。つまるところたいした男ではなかったのに。立派な人物と思ったことは一度もありませんでした。フランス大統領だけど、ほら、無為無能でしょう。まったくみんながっかりさせられました。脇を固めていくだろうという話をしましたが、そうはなりませんでした。まったく、ドゥメルグというのは、わたしたちの仲間内、理工科学校出身者の世界では、いつもガストン坊やだと言われていました。ブルム、この男はたいしたことを成し遂げましたが、三四年は何もしなかったのです」。

三人だけが二月六日は左派の政治や活動（組合とダラディエ政府の活動）の成果だと評価した。それについてある実業家はこう述べる。「サン＝ラザール駅やそれ以外の場所でのパリでの動乱ですが、わたしは兵役でパリでの暴動をいくつも鎮圧しました。下劣でばかげていると思いました。人民にでたらめを吹き込んだ組合幹部の連中のせいだと思っていました」。

ある金利生活者の地主だけがデモをした唯一の人だった。「最前列で参加しました。コンコルド広場で、ジャン・ファーブル〔デモ隊にいて死亡した前述のファーブル医師の息子〕の近くでした。剣を抜いた機動憲兵隊の一人に追い回されて、クール・ラ・レーヌ通りの木の下に逃げ込みました。別の男が『ばかやろう、畜生め、捕まえてやる！』と叫びながら追い回してきました。ついには逃げ切ることができました。こういったことはどれもまったく不当なことだと思いました。銃を撃ってきたんですから。翌日反抗しようとしましたが、ドゥメルグのことがなければ、この日わたしは拳銃を持って出ていたことでしょう」。

似たような観点で、このような動きは議会の汚職の結果だと二人の有権者は見ていた。それで、ある農業経営をする地主の男は「議会が転覆したらどんなによかったでしょう、みんなうんざりしていましたから」と述べる。

わたしの質問を受けた人のうち七人は、とりわけ二月十二日の反撃に驚いた。たとえば「ここであった十二日のデモをとりわけよく覚えて」いたと言うある出張販売員がそうである。二月六日のことを覚えている有権者のうち四人が、この日のことを「ささいな事件」であって心配するに値しないものだと理解していたことを述べる。パリ゠オルレオン鉄道のある運転士の意見はこういうものだった。「パリの暴動ですか。多少動揺しましたが、日々のパンがあることはわかっていましたので」。そして代訴人見習いの男はこう述べる。「一九三四年二月六日ですか。大山鳴動して鼠一匹ですよ。ひどく大げさで、ほんとうにたいしたことのない事件だったと思っていました。なにもかも自分とは関係がない気がしていました。ファーブルの息子の死はお気の毒だと思いました」。

最後になるが、ただ二人だけがこの動きの複雑さを認め、含みのある気持ちを抱いたと述べている。ある文筆家の言を引用しよう。「感情的なことから生じた小競り合いで、はっきりとした政治的目的で明らかに誇張されたものでした。わたしにとってはまともに考慮するに値しないことでした。そう仕向けられているのがあまりに明白だったのです」。ある法学生はこう述べる。「一九三四年二月六日、わたしたちの周りでは動揺がありました。動きが複雑であることを見て取りました」。

三三年後の一九六七年において、有権者が多くの割合で一九三四年の事件を思い出していることをなによりも強調するべきである。これはリムーザン地方の人々の政治化の度合いが高いことを裏付けている。しかしながら、彼らは記憶を残していたとはいえ、多くの人の理解は極めて曖昧であった。

県内でもっとも広く頒布されていた新聞がパリのデモ隊を支持し、ダラディエ政府の責任を強く問うていたのに対して、調査対象の有権者では、右派の諸同盟に責任があると捉え、彼らを非難していた者の数が、議員の汚職や左派のあやまちを引き合いに出す者の数を圧倒的にしのいでいる。事件の推移に関して、共産党の存在感や責任にはまったく触れられなかった。

元軍人、アクション・フランセーズ、愛国青年団やそのほかの同盟への言及は、火の十字団に対してなされた言及に比べてずっと数が少なかった。フランソワ・ド・ラ・ロックの手下の活動がこの地域では活発だったからだろうか。そして、その悪影響により、二月六日の事件の責任を彼らに帰する傾向があるのだろうか(1)。「王の時代」再来への懸念が農村地域では根強くあることもやはり強調できるだろう[2]。

リモージュの若い学生が犠牲者のリストに含まれていたことによって引き起こされた強い驚きは、特にリモージュ市の人々の考えをまとまらないものにする、いわば理解の障壁となっていた。一部の人にとっては当時の政治的な選択肢が二の次になってしまったように見え、犠牲になったのが若者であったということにより生じた共感が、多くの左派有権者にこの若者の思想やデモの政治的重要性を忘れさせてしまっていた。訪問先の田舎町の一つでは、パリでの二月六日のデモに参加した住人が複数いて、そのためにこれらの出来事やそれに対して起こった反動の記憶がいまだに強烈なものとなっていたのだった。このことは、地方の枠内で全国的規模の出来事の影響を評価する際には、きわめて慎重でなくてはならないことをあらためて認識させてくれる。

(1) 確かにこの地域では、火の十字団の活動が活発になるのは一九三五年頃になってからにすぎない。
(2) アクション・フランセーズへ直接言及したものはなかった。

第2章 驚くべき意見の分断

今日では忘れられてしまっているが、ペタン元帥の大臣やコラボラシオン〔対独協力〕政策の擁護者になる前、ピエール・ラヴァルは一九三〇年代に上院議員、そして二回首相を務めた。一九三五年六月から一九三六年一月までの期間、人民戦線が形成されたまっただなかに、彼は陣頭指揮についていた。彼は、農産業国フランスを守り、食料価格を維持しようと必死であった。そのために厳しい緊縮財政方針を唱え、政令の形で迅速な対応を求めた。国中に影響を与えるこのデフレ政策のなか、下院は彼を支持した。これらの努力にもかかわらず、経済は落ち込むばかりであった。ラヴァルは失敗したのだ。戦前期から生き残った一九六〇年代のわれらがフランス人はこれをどう思っていたのだろうか。そこから次の問いがたてられる。

――「ラヴァル政令」を覚えていますか。覚えているならば、その措置に不服でしたか、満足していましたか。それはなぜですか。

＊　＊　＊

このことを覚えていた有権者一一五人のうち、四五人は「ラヴァル政令」に満足していた。[1]彼らのうち八人は、ラヴァルが進める政策におおむね満足だったからだった。たとえばある靴修理工はこう思い出す。「仲間と一緒に、その頃こう言い合ったものです。ちゃんと働いているのは一人しかいない、ラヴァルだってね」。それに法学生はこう思い出す。「わたし達は好感をもっていました。ポアンカレが作ってきた流れに合ったと思っていました。彼がフランを安定化させるだろうと思っていました」。ある出張販売員の言葉も引こう。「これでいい、ラヴァルは何かしてくれるだろう、と思っていました」。パン屋の言葉も引こう。「彼を良く思う者は多くはなかったのです。鉄道員たちはとくに反感をもっていました。しかし、わたしには関係のないことでした。結局のところ、いいところがあったのです。少しは立て直しがなされたのです」。

（原則として）デフレ支持者の五人の有権者は、政令に満足していた。二人の事業主はそういう意見だった。一人目はこう断言する。「わたしは平価切り下げには常に反対でした。インフレになりますし、節約とデフレ政策を支持します。インフレになるといつも倒産、混乱ばかりです。最初のうち、そしてしばらくの間はそうではないかもしれませんが」。二人目はこう述べる。「わたしたちは賛成でした。金利収入が一割減ってもラヴァルを支持していました。状況はたいへん悪くなると感じていました。ラヴァルは慧眼だったのです。人並み以上に賢い男だったのです。わたしは断固としてデフレ支持者でした」。

「デフレに賛成でした。なぜならインフレは泥棒だからです」

小作農を使って農業経営をするある地主はずっと慎重である。「わたしはデフレに賛成でした。なぜならインフレは泥棒だからです。しかし、ラヴァルは立ち回りが下手でした。市役所ではたとえば道路整備士を減らしました。わたしは使用人を減らしました。彼らは十分に納得して

（1）四二人がその考えの説明をしてくれた。

くれたのです。ですが、ラヴァルの立ち回りのまずさは、同時に兵士の一部の年金を上げたというところにあります」。

ある教師はさらにはっきりとしている。「我々教員は、みんなデフレの賛同者でした。よく覚えています。みんなこう言ったものでした。生活をストップさせるなんて、いやはや！　なんならわたしたちの給料を減らすがいい、でもストップさせるなんて」。

わたしの質問を受けた人のうち一九人が政令に好意的だったが、それはなぜかというと、彼らによれば、「生活費が下がっていたから」なのである（実利的な見解である）。「ラヴァルの時代はよかったよ」と郵便配達の男が振り返る。「生活費を下げさせたんだ。収入は減ったけれど、ずっと安くものを買えるようになった。ラヴァルはかじ取りがうまかったよ。前よりよかった。七百フランあれば豚一頭、薪、ワインとなんでもしまいこむことができたんだからなあ」。

PO（パリ−オルレアン鉄道）の一員のある男は同意見である。「『ラヴァル政令』は実に良かった。文句を言い始めた人も、あとでずっとよくなったんです。給料が上がっても、ほらお分かりでしょう、何の役にも立たないんですよ」。そして、同じ視点で、農業経営をするある地主がこう述べる。「不平を言う者がいなかった、というどころではありません。何もかもの値段が下がったんです。それで利益が出るようになったのです。みんな言ったものでした。何もかもが値段が下がって、コーヒーも食料品も。そりゃあ良かったですよ」。ある教員はずっと含みを持たせていた。「収入が一割下がったのです。わたしはそれに応じましたし、ほかのみんなもそうでした。みんな『ひどいやつらだよ』とは言いましたが、それだけでした。このことで損はしていないと感じていたのです」。

「ラヴァル政令」が労働者の購買力を向上させたと評価したことを覚えている者もいた。靴修理工の男がそうだ。『ラヴァルの政令』、これほどいいことはなかったですよ。何度でも言わせてください。ほんとうに、わたしたちの購買力がずっと良かった時代でした。たとえば、わたしは革のコートを買うことができたのです……」。

これらの政令は、それまでは優遇されていた公務員を直撃した。これについて四人の有権者は喜んでおり、トタン職人がそうであった。「公務員は相当に横柄でしたが、ラヴァルはそこに鉄拳をふるって公務員たちをすぐに黙らせたのです。労働者としてはラヴァルの言うことすべてに賛成だったわけではありません。成功するために社会主義を利用した男でした。ごく最初、演壇にのぼるからという理由で社会党支持者は彼に靴まで買ってやっていました。ただ、わたしは彼のエネルギーを買っていましたし、それで彼に好意的でした。ポアンカレと同じだったのです」。もっとはっきりしていたのは、出張販売員の男だった。「ラヴァルが公務員の給料を下げていたのは正しかったですよ。当然のことでした。みんながみじめな思いをしているその代償でした」。調査対象者のうち二人が――うち一人はパリ－オルレアン鉄道の作業員だったが――これらの政令に好意を持っていたことを覚えていたが、その理由は誰もが分け隔てなくその影響を受けたからだった。「ラヴァルは悪意があったわけではなかったですよ。害はなかったのです。一部の収入を下げて、別の人たちの収入を上げたけれど、とくに金持ちを減収させて、労働者階級のためになることをしました」。

ラヴァルの経済政策に好意的であると判断できる調査対象者四五人の中で、一九人は心の奥底ではこの政策の支持者だったと述べながらも、そのように見えてしまわないように気をつけており、いくばくかの不満を表明すらしていたのだった。個人的に心の奥底で抱いている意見と公然と表明される意見のあいだにあるこうしたずれは、政令により引き起こされた反応にかかわるこの調査のもっとも興味深い点のように思われた。ある入市税関職員は、ラヴァルの政策には敵意をもっていたが、あとになって意見を変えていたと打ち明けた。「あれは非難されていました。が、結局のところ非難すべきではなかったのです。みんな不満に思っていた。わたしもそうだった。でも、あとでそれを悔いました。実際良い時代でしたよ、先生。何もかも値段が下がったので、何もかもがうまくいったんです。不満が持たれたのは、政治に関してのことだったのです。わたしの給料は三パーセント下がっていたと思います。労働者は引き下げは好きではありません。でも、生活費もそれはそれは下がったのです。組合の責任者として、わたしはラヴァルに対する、ほとんど礼儀にかなっていない抗議申し立てに投票させました。しかし、あの時代がみんなにとってこの上なく生活しやすかったと認めざるを得ないのです。失業者はいたけれども、失業手当で酒を飲んだものです。政令は、良識あるものでした。インフレよりも公正でした。税金ですら下がったんだから。みんなどうにか生きていけた。失業者すら細々と生きていけて、カード遊びに興じたものだった。豊かではなかったが、貧困でもなかったのです」。

その一方で、四九人の有権者はこの政令に不満を持っていたことを覚えている。そしてそれは極めて多岐にわたる理由によるものだった。ラヴァルの政策全体への反感からのこともあり、パリ–オルレアン鉄道の作業員は次のように述べている。「うちでは文句たらたらだったよ、ラヴァルは好かれていなかったからね」。あるいはインフレの支持者だったからだった。「わたしのように小さな土地を買った者は、物価が下がると、お陀仏だったんです……」と小作農を使っていた地主経営者は振り返る。調査対象者一〇人によれば、生活費が安くなるようなことはなかったか、あるいは少ししか安くならなかった。機械製図工の男はわたしにこう答える。「生活費が下がっていたら悪い目では見てなかったでしょうね。でも生活費は安くはならなかったですよ。決め手になるようなことはなかったんです」。

「ラヴァルには一文も渡さない」

別の四人の古くからの有権者の目には、政令は「労働者に不利な策だった」。「わたしは不満でした」とパリ‐オルレアン鉄道勤務兵の将校は思い返す。「考えてもみてください。給料が一割減らされたんですよ。ただ、タバコで埋め合わせをしましたよ。吸うのをやめたんです。こう自分に言ったものです。これで、ラヴァルには一文も渡さないぞ、ってね」。仕上げ工の男は振り返る。「給料がひどく下げられたんです。すぐに苦しい状況になって、みんな反感を持つようになり、人民戦線が出てくることになったのです。人民戦線が控除分を返金したんです」。八人の有権者によれば、この不満は農作物の価格低下と、それが農村部に「悪影響だった」ということによるものだった。タクシー運転手かつ自動車や自転車の修理工、さらに農業やその他さまざまなことをやっている男(このように仕事をいくつももつことは田舎ではよくある)

は思い出す。「農家の人たちは子牛の値が下がってそれは不満に思っていた。市《いち》で声を荒げていて、驚いたね！　でも当然のことだったよ」。ある小作人は断言する。「ラヴァルの政策は最悪だった」。そして、農業経営をする地主はこう言う。「あれほど悪いことはありませんでしたね。田舎では不満を引き起こして、それでブルムが出てきたというわけです」。そのほか、不満の理由は実に多岐にわたっていた。わたしが質問したなかで二人は、公務員に不利な政策だと見ていた。三人の商人は在庫の価値が下がったことに苦しんでいた。八人が思い出した理由は、驚くべきものかもしれない。つまり、彼らが反感を持っていたのは、周囲が不満に思っていたからだった。ある農業経営をする地主の男がそうだ。「村では、みんな不満だった。『ル・クーリエ』紙（保守系の新聞）を読んで頭がばかになった奴らまでもがそうだった」。

左翼系新聞や団体によって攻撃されていた一九三五年夏の政令が、議員が全員反対派の座を占めており、またラヴァルに敵対するデモが展開されていた地域で、満足感よりも不満をもたらしたというのは驚きではない。より驚くべきは、満足していると明言した者の数もまた多かったということだ（三九パーセント）。

影響を受ける危険性がもっとも低い階層（自由業、職人、商人）のなかでは満足感が優勢である。民間産業の労働者においても満足感はかなり広まっている。一九人が進んで小売価格下落を認識していたと述べている。

不満は明らかに農村部で支配的であった。ここではとりわけ価格下落が驚きを与えたのだ。そのほかの場所では、不満はデフレへの敵対心によって引き起こされていたというよりは、デフレのために取られた政策の実効性が低いということがその原因だった。このようなわけでインフレの効果に触れた者が二人しかいなかったのだ。ほかの誰も平価切下げの可能性には言及していない。質問を受けた一四人の商人の中で、三人だけが彼らの在庫の価値下落に不平を述べていた。農作物価格下落のために敵意を持っていた農家の人たちの間ですら、(引用したケースを除いて)公然とインフレを支持する者にわたしたちは出合わなかった。安定神話や、そしてデフレ神話さえもがしっかりと根づいていたために、社会党員によって数年前から広められていた経済理論が何の反響もなかったかのようであった。

同様の観点で、不満に思う者の幾人かは、その敵対心を説明するにあたって困難を感じていたことを指摘できよう。彼らは周囲の意見の殻のなかに身を隠し、価格下落を強く非難したくないかのような印象を与えた。

政令は農村部で敵対者が多くいた。都市部では不満はあまり広がっておらず、また不満の原因もむしろ期待が裏切られたためであって、デフレに対する集団的な敵意を示すものではなかった。

第3章　火の十字団、不安な同盟

ほかの多くの地方と同じく、リムーザン地方では火の十字団という名のフランソワ・ド・ラ・ロックによって率いられた組織がもっとも活発な右翼同盟だった。オート＝ヴィエンヌ県では、一九三四年から一九三六年の間、たとえばリモージュに近いサン＝ティリエ＝ス＝ゼクス〔オート＝ヴィエンヌ県内の村〕など、この団体がいくつもの集会を開いていたのだった。むろん、同組織についての議論は熾烈を極めた。何人かの著述家がファシストと形容していた一方で、他の者はそのような扱いはまったく誤ったものと判断していたのである。その中心人物と同様に社会的カトリシズム右派だった。リムーザンの人たちはこれをどう思っていたのだろうか。

――火の十字団のことを覚えていますか。覚えているならば、良い印象を受けましたか、悪い印象を受けましたか。

＊　＊　＊

大多数の有権者（一七〇人）が火の十字団のことを覚えていた。このうち一三〇人は、その活動に悪い印象を受けていた。主要な理由として出されていたのは、同盟のメンバーの政治的思想に関わるものだった。

調査対象者のうち二七人の者にとって、火の十字団は右翼、極右、保守反動を体現していた。パリ－オルレアン鉄道の運転士はこのような意見である。「労働者に対して再び優勢に立とうとしていた保守反動だと見られていました」。ある出張販売員も同じ意見である。「極右の、度を越した愛国主義精神で過激になった者たちの運動です。軍の男たちが率いていていました。彼らにとっては人民は羊で、なによりも祖国が大事なのです」。靴の裁断師の男もそうだ。「ラ・ロックと反動保守ですよ。乱闘がありました。商店にとってはたまったものではありませんでした「彼の妻は小さな食料品店を営んでいた」。ラ・ロックの支持者は後ろ指をさされて、買い物客がいなくなったのです。だから気をつけなくてはならなかったんです」。そして、パン屋の店員も同意見である。「どちらかと言えば労働者よりも上の階級に属している極右政党です。家に武器をたくさん持っていると言われていて、手に負えないとも言われていました」。

彼らは資本、ブルジョワジー、経営者、金融家を支持していると調査対象者の一五名は見なしていた。

靴の裁断師の男によれば、「あれはブルジョワジーで、専制政治が我が物顔にふるまっているんだと言われていました。ひどい目に遭うぞ、と言われていたんです。あの時代には、今（一九六七年）のような中間層はなくて、ブルジョワと下層階級だったのです」。左官の男が教えてくれる。「わたしの父は火の十字団に入っていたのですが、それは戦闘員の年金がもらえるようになるとちらつかせる人がいたからでした」。靴の裁断師の男の意見はこうだ。「実に明らかな右翼でした。愛国主義の運動で、その教義は労働者の苦痛をやわらげようとするものでしたが、実のところ経営者の権力が神から与えられているかのように言うものだったのです。わたしはナチスの活動から必然的にもたらされたものだと考えていました。わたしの気持ちに反するものでした。パリの二四小地区に甥がいたのですが、この思想に染まってしまっていたのです。五、六枚にもわたる手紙を交わして、わたしは甥に言ったものです。拳銃を撃つんだったらお前の前にいるのはお前の両親だと思え、とね」。農家の男の証言はこうである。「政治のことには十分についていってはいませんでした。意見を持つにはあまりに世間から切り離されていたからです。誰かを見かけたときに、おや共産党員だ、下衆な奴だと言ったり、おやブルジョワだ、火の十字団の男だ、と言ったりしただけでした」。

古くからの有権者の二七人が、火の十字団は労働者、下層階級あるいは農民に敵対するものだと見なしていた。パリ－オルレアン鉄道の機械工の男はこう言う。「あいつらは労働者階級を支配するために権力を手に入れたかったんだ」。町で働く日雇い労働の男はわたしにこう述べた。「いいことは一つもないというのがわたしたちの考えでした。政治的なへんな奴で、労働者を支持していたわけではなかったのです」。

オラドゥール＝サン＝ジュネのある小作農の男の言うことを聞こう。「話題にはなりましたが、ここでは目立つほどのことではありませんでした。わたしは反対していて、それは彼らが下層階級のところにやってきてつぶしてかかろうとしていたからでした。ル・ドラ〔オート＝ヴィエンヌ県の村〕では、個人の家で集会がありました。わたしはお医者さんの庭の耕作をしていたのですが、そのお医者さんが集会に行ったとき、彼は『あれはいかん』とわたしに言いました」。ボスミ〔オート＝ヴィエンヌ県の現ボスミ＝レギエ村〕の小村の製紙工の男の意見はこうである。「十字団はいわば労働者を意のままに操ろうとする金持ちだったんですよ」。縦びき工の男はこう断言する。「あいつらは農民のことが好きではないのです。農民なんかくたばってしまえと考えていたのでしょう」。サン＝シルヴェストル〔オート＝ヴィエンヌ県の村〕の村で農業を営む男もはっきりとしている。「ここではみんな悪い印象を持っていました。彼らは気に入らない思想の持ち主で、労働者に敵対していたのですが、ここでは農民は自分を労働者のようなものだと思っていましたから」。

調査対象者のうち七人の男は、火の十字団は君主制度を復活させたいのだと考えていた。それで、理髪師の男は彼らは「ぞっとする運動、わたしにとってはなによりも議論の余地のない王党派の運動」を作り上げていると見なしていた。ある小作農の男は「彼らはわたしたちを王政の時代に連れて行こうとしているからいやだ」と思っていた。田舎に工場がある製紙工の男はこう考えていた。「彼らはわたしたちのためにはなりませんでした。すんでのところで王を連れてきかねないのですから」。仕立て職人の男はこうわたしに打ち明けた。「彼らがかよっていた家を見に行けば、彼らが王政を復活させたがっていたことはすぐに理解できましたよ」。

この時代に有権者だった六人の男は、火の十字団がなによりも対独報復論者、国粋主義者であると見なしていた。靴修理工の男はそのことについてこう述べる。「対独報復論者で、フランスにおけるヒトラー主義者のようなものです、むろんずっと数は少ないですけれどね」。そして入市税関職員の男はこう述べる。「右翼政党の奴らの運動で、対独報復論者、戦闘員たちです。ヒトラー主義者にやや近いとされていました」。

いずれにせよ火の十字団に敵意を持っていたことを覚えていた者の中で二三人が、火の十字団の手法、すなわち彼らが暴力を用い、乱闘を良しとし、武器を用いていたことをなによりも非難していた。「不良ですよ。無政府主義者で思いあがっているんです」とは塗装工の男の言である。「ある日、わたしたちは火の十字団の一員だった親方に会ったのですが、彼は顔の下に拳銃をつきつけて言ったのです、『それでも』というような奴は『仲間にしてやろう(1)』じゃないかって。お分かりでしょう、我が物顔にふるまいたかったんですよ」。郵便配達の男は言う。「彼らは集会を開いていました。武装していました。タルデュー〔アンドレ・タルデュー、フランスの政治家、一八七六―一九四五。タルデューは火の十字団を特別秘密資金で支援した時期があった〕は右翼ですよ。労働者に敵対していて、商人がいましたが、司令部は軍人で威圧的でした」。「まったく暴動のような運動です」とは植字工の男の意見である。「どら息子たちの一団で、労働者階級からは遠いのです。反徒で狂信的ですらあって、他の人に殴りかかったのです」。配管工

(1)「仲間にしてやろう」は「殴ってやる」を意味する。

の男も同じ意見であると分かる。「政治的な扇動、それ以上でも以下でもないですよ。乱闘、集会、無政府主義者といったところでしょうか。首謀者はリモージュの者ではなかったのです。商人が少なからずいました。雇用者のいく人かは社員に参加を強制するような傾向すらあったようです」。

「ろくな人たちではなかった」

質問に答えた人の中で二一人が、火の十字団を政権を転覆させようとする革命家たちだと感じていた。会計係の男はこう述べる。「火の十字団と付き合いがありました。ろくな人たちではありませんでしたし、品がなかったのです。頭にあることと言えばただ一つで、体制を転覆させることだけでした」。

ある農業を営む男は敵意を感じていた。「なぜなら、彼らは体制を転覆させようとしていたからです。彼らの中に農民はいませんでした。みんな、ブルジョワだったのです。彼らがエムティエ〔オート＝ヴィエンヌ県の町〕に行こうとしていると分かったので、わたしたちはそこに行ったのです。そうしたら彼らは恐れをなして、何も起こりませんでした」。

調査対象者のうち九人は、火の十字団を専制体制の支持者のように感じて毛嫌いしていた。「ああ、そうです！　われわれにはその本当の裏側の部分がわかっていたのです。つまり、ファシズムが現れたのです。労働者階級に対抗する真の専制体制です。そこにはむしろ商人や経営者がいて、そんな彼らにうまく使われている何人かの労働者がいました」。ある陶磁器工の男は思い出す。「奴らはわたしたちを怖がらせました。専制体制を望んでいたんです。付き合いにくい奴らでした。まったく社交的なところがないんです。労働者にとってはつまらない人たちだったんですよ」。製紙工の男は打ち明ける。「おかしいな、と思わされました。専制体制の類です。労働者を百年前の立場に立ち戻らせたがっていたんです」。自作農地主の男は思い出す。「ラ・ロックですか。印象が悪かったです。その日、その時がきたら専制体制にしようとしているのがわかっていました。あれには村が動揺しました。一人か二人の農民で、パリに出た者もいました。ほかの人たちがいつ火の十字団になったのか、誰もあまりよくわかっていませんでした」。「時代遅れの政治で、専制体制」と見なしていた仕立て職人の男はこう続ける。「ここらあたりではそれほどいませんでした。隠れてやっている者はいました。支持はしていたけれど公言はできなかったのです」。

わたしの面談者の二三人にとっては、火の十字団はヒトラーやムッソリーニのようにファシストだった。

陶磁器工の男は「悪い印象」を持っていた。「やつらはみんな絞首刑に処さなくてはいけなかったのです。なぜならヒトラーの仲間だったのですから。ヒトラーと同じような考えで、同じ一味で、同じ目的、同じ意見を持っていたのです。やりたいがままにさせていたら、独裁政府を作っていたことでしょう」。機械工もこの陶磁器工と同意見である。「悪い印象を持ちました。ナチスの親衛隊が少し穏やかになった類でした。まったく信頼を置いていませんでした。わたしの周囲も同じようなものでした」。鋳型鋳造工の男が断言する。「好きではありませんでした。イタリアのファシストになぞらえていました。商人とどら息子たちが多くいました」。

敵意を持っていたことを覚えていた者のうち九人が、彼らの手法を非難していた。サン＝シルヴェストルの農業を営む男がそういう意見である。「やり口と人集めがわたしには気に入りませんでした。ここではみんな敵意を持っていました。彼らは武装していて、決然とした態度でした。わたしどもは流血沙汰にせずして歯止めをかけなくてはいけないと感じていました。わたしは気持ちだけ動員されたようなもので、なにかあった時のために準備をしていました。アンバザック〔オート＝ヴィエンヌ県の町〕でやろうとしたようなデモは阻止しました。やつらが車で来ていたら戻ることはできなかったことでしょう。切り倒された木々を置いていたことでしょうから」。

自分の考えを覚えていた一七人にとっては、火の十字団はお偉がた、金持ちあるいは経営者や雇用者からなっていた。オート＝ヴィエンヌ県路面電車の車掌はこの同盟を「復古的な運動で労働者階級を支配しようとしたお偉がた」と見なしていた。「ラ・ロック……、みんな金持ち、大雇用主、金持ちばかりで、わたしたちの気に入りませんでした」。「勲章をもらっているような類の、お偉がたのしわざだと考えていました。一般受けする人たちではありませんでした」(2)とある農業経営を行なう地主自身は考えていた。生活協同組合の店長は彼らのことを「労働者や何人かの男に金を出してうまく連れ出したお偉がた」と見なしていた。

時代錯誤でなくもないが、質問を受けた人の七人は、その後の時代の記憶を彼ら自身が持った意見の特徴を述べるのに用いた。彼らはフランス民兵団〔ヴィシー政府が組織した親独義勇軍〕に言及したのである。ある銀行員によれば、火の十字団は「フランス民兵団と同じ印象」を与えた。「わたしにはベレー帽〔火の十字団員はベレー帽をかぶった〕を持っている同僚がいました。彼らは集会に行くために早々に立ち去りました。悪事をもくろんでいるかのようでした」。自

(2)「一般受けする」とはリムーザン地方では、民衆に近いことを言う。

転車修理工、自作農でもあるタクシー運転手はこう言う。「田舎ではそれは悪口でした。ほんとうはそうではなくても、火の十字団呼ばわりするようなことがあったのです。けんかで一度わたしを火の十字団扱いした者がおりました。田舎では他の人を後ろから蹴飛ばして歩かせようとするこのお偉がたに激しい敵意があったのです」。

最後に、さらにはっきりとした敵意を示す二種類の記憶について書き留めておこう。パン屋で働く男が打ち明ける。「フランソワ・ド・ラ・ロックと［地方長の］何某への不満を表すために、サン＝ティリエ＝ス＝ゼクスでデモをしたことがあったのです(3)。マルソー(4)の祭りでのことでした。組合がトラックを使わせてくれて、わたしたちはシャン＝ド＝ジュイエ公園(5)から出発しました。ただだったのです！　あとで浮かれて、帰路で、ヴェルヌイユ(6)で飲みました。サン＝ティリエで演説を聞きました。木陰で気持ち良かったです。組合長は火の十字団に反対していて、中庭に警報機を作っていました(7)。われわれはシャベルを叩くことでそれを操作することができました。火の十字団は組合をやっつけようとしているから、組合の集会で何かあったら、農業用フォークで武装しようと言われました(8)。火の十字団は何にもましてもっとも悪いものです。リモージュではそういう声ばかり聞いていました。それから、乱闘がありました」。

製靴造業の男が思い出を話す。「わたしの家では火の十字団を良く思っていませんでした……

ラ・ロックがリモージュに来て、人だかりになっていました。どんなものかと思って聞きに行ったのですが、がっかりしました。つまらない奴で、なにか言おうとしてもうまくいかず、両手で頭を抱えていました」。

それでも火の十字団の同盟は、わずかな人には好印象を与えていた。

五人の面談者はその愛国主義の美徳に言及した。ある織物商の男の記憶はそのようなものである。「その組織面、とりわけその愛国的な面でこの運動が気に入りました」。あるいは四人の有権者は、火の十字団を秩序を立て直してくれると見なしていた。「サン＝ティリエ＝ス＝ゼクスの集会に行きましたがものすごい人がいました。ラ・ロックはそうする必要があったまさ

(3) 一九三五年六月二二日。
(4) リモージュ市のマルソー広場。
(5) リモージュ市の公園。
(6) ヴェルナイユ＝シュール＝ヴィエンヌ〔オート＝ヴィエンヌ県の町〕、ワインで名高い。
(7) 本当にあったことか確認できなかった。
(8) この労働者たちは庭を持っていることが多く、農作業をしていた。彼らは本当に農業用フォークを持っていたのである！

にその時に秩序を立て直そうとしていたのです」と小作農を抱える地主が述べる。ワイン業者の男はもっとはっきりしていた。火の十字団は彼にとっては「愛国心の面で好印象でした。わたしたちは火の十字団でした。ラ・ロックはああした混乱が起こることを妨げようとしていたのです。ここは共産党員のお国ですから……」。製靴業の男はこう言う。「彼らは混乱を鎮めたかったのですが、社会党員や共産党員が反対したのです」。いく人もの人が、この運動はその清らかさと理想ゆえに興味深いと考えた。ある出張販売員がそうである。「わたしは先入観なしにこの運動がその清らかさゆえに共感できるものだと見なしていました。好感を抱いていました」。最後に、陶磁器絵付師の男はこう考えていた。「共産党に対抗する運動だったのです。共産党が拡張するのを恐れて集結したのです。町でデモがあり、共産党員との乱闘がありました」。

質問を受けた九五パーセントの有権者が火の十字団のことを覚えている。この数字だけで、運動に対する世論の反響についてのいかなる解説もなしで済ますことができるほどである。

火の十字団に好印象を持った有権者の数は取るに足らない(五パーセント)。この地方で評判の悪かった運動に共感を覚えたことを打ち明けるのに気づまりを感じる者がいたことを考慮してもなお、公然と敵意を表明しなかった者の数（二二パーセント）は、敵意の表明に躊躇がなかった有権者の数（七三パーセント）よりずっと少ない。

この反感はとりわけ農民、労働者、職人といったある種の身分でとりわけ明白である。会社員やもっと裕福な有権者においては、この反感は穏健なものになっている。逆に商人の大多数は、好意的とは言わないまでも、少なくとも火の十字団に対する敵意は持ち合わせていないようだった。(9)

火の十字団の不人気の理由の分析から、フランソワ・ド・ラ・ロックとその仲間たちが表明していた社会政治計画が世論に何も働きかけなかったことを認めることができる。同盟はブル

（9）このことは、火の十字団が、消費者組合の影響に不満を持っていた商人から主に支持を受けていたと述べた有権者の印象を裏付けることになるだろう。この種の商人に対する左翼系新聞の数多くの攻撃も説明される。『ル・ポピュレール・デュ・サントル』紙と『ル・トラヴァイユール・デュ・サントル＝ウエスト』紙は一九三五年中は定期的に、火の十字団運動に加盟していたと思われる商人の一覧を掲載しており、それは同紙の読者であった、こうした商人の店の顧客を減らすためだった。このような一覧はリモージュ市、サン＝ジュニアン町、アンバザック村でも公表されていた。

ジョワジーと資本家のためにあり、右翼政治の勢力であって、そのメンバーは労働者や農民の階層においてはまったく影響力がなく、専制体制を打ち立てるために必要とあれば躊躇せずにクーデターを引き起こし、暴力に訴えるのだと認識されていた。

思想的な混同や連想がさまざまなことを明らかにしてくれる。イタリアのファシズムやヒトラー主義にたとえることは、農村部ではなされなかった。ファシズムの語は使われなかったのだ。リモージュでは二一人の有権者がこの語を用いた。この語はどちらかと言えば町言葉であったようである。「革命」の語の使用と王政への暗示は、これとは逆に、田舎でずっと多かった。

今日から見ると、このとても古い時期の記憶が、田舎の男女にとっていかに鮮明なものであるかに気づく。多年にわたる十九世紀の古文書の調査でわたしが確認していたように、アンシャン・レジームは今なお記憶に息づいていたのだ。

第4章　失業のこけ脅し

一九三〇年代の間、アメリカの株式市場の大暴落、すなわちあの一九二九年の暗黒の木曜日に続いて起こったひどい経済危機をフランスは経験している。農作物の価格崩壊が起こり、磁器、靴、手袋製造……といった工業製品の輸出が激減し、失業が増加した。リムーザン地方とオート＝ヴィエンヌ県は、フランス全土と同じように、もろに打撃を受けた。これらの産業は県内の中心的な経済活動だったのだ。

このことについて、人々が実際に感じた気持ち、恐慌をどのように認識したかを知りたいと考えた。実際、誰もが同じように見て取ったわけではなかった。職業や身分が異なれば、不安や希望は違っていた。農業人口以外でもこの恐慌はなによりも価格暴落として認識されていた。

歯に衣着せずものを言う者もいたのだった。

――三〇年から三六年の時期は、たとえば二〇年代と比べて、良い時期だったと思われますか、あるいは悪い時期だったと思われますか。それはなぜですか。

＊　＊　＊

調査対象者の四六パーセントが経済危機を認識していた。これは多くもあり、少なくもある。なぜならばこれは、証言した人の半分が経済サイクルを明瞭に意識していなかったことを意味しているからだ。

農業人口に属する者の回答をまず検討しよう。多数の理由が挙げられた。まずは価格暴落のことである。農家の男はこう言う。「炭鉱を離職して父の経営する小さな農場の跡を継いだばかりだったのですが、父に不幸があったばかりで、数年の間は炭鉱で稼いでいたなけなしの金で食いつなぎました。生産物ははけていったのですが、あの価格では利益が出なかったのです」。もう一人の農家の男はこう述べる。「三〇年から三六年には、うまく事を運ぶにはそれは働かなくてはなりませんでした！　三四年は、農民は満足していませんでした。ラヴァルの時代で悪かったのです。二六年から二七年はよかったです。家畜がよく売れたのです。三四年は麦も家畜も何もうまくいきませんでした。その頃わたしは農夫として仕事をし始めたのです。麦はくれてやったようなものでした。幸いにもわたしは自分が収穫した麦をほとんどすべて『食いつくす』ことができました」。三人目の農家の男はこう思い出す。「家畜を育てていましたが、まったく売り上げになりませんでした。かかった費用ほどにはならなかったのです。野菜は、少しはましでした。ただ麦はと言えば、粉屋は引き取ってくれようとはしたのですが、本来の価格よりずっと低かったのです。少しでも稼ごうと、夜に仕事をして線路上で働きました。金詰まりのせいもあって、手をかけてやることができず孫が二人死にました。しまいには農家の仕事をやめて、工場で製紙工にならざるを得ませんでした」。

この業種では、いく人もの人が売れ行きがはかばかしくなかったことに言及した。農業経営をするある地主の男はこう言う。「二〇年代よりずっと悪かった時期で、ラヴァルとタルデューの頃は商品を売ることができませんでした。飢えて死ぬところでした。倉に麦を五年も寝かせてどうしようもありませんでした。まったくひどかったのです。飢饉ですよ、先生。三〇年の前に買ったものはなにもかもが五割から八割も値が下がりました。それでも売れなかったのです。ボルドー河岸で麦がダメになっていきました。あのタルデューは車を売るために米国産麦を買ったのです。最悪だったのは畜産でした」。もう一人の農家の男は、同じ困難があったと認めている。「極貧でした。今よりひどかったです、ラヴァルの時代は。市に豚を三度も連れていって、また連れて戻ったことを覚えています。毎回、それは厄介でした。おわかりでしょう、家畜をつながなくてはならなかったのですから……」さらに驚くのは教師の回答である。「わたしたちにとっては生活は楽でしたが、周りは貧乏でした。J・Bさんから豚を買い取りましたが、必要があったわけではなかったのです。どうしようもなくなっておられたのです」。ある農業経営をする地主の男は、わたしにこう答える。「ほんとうに悪い時期でした。あまりひどかったので、もうやめようと考えました。それで鉄道会社や郵便局やパリ交通公団や憲兵隊に雇ってほしいと志願しました。よく市に家畜を連れて行きました。価格暴落で、ひどい恐慌でした。そうしたらちょうど同じころに工場が閉鎖したのです」。

農業以外では、労働者や会社員の間でひどい影響を与えていたのは失業だった。給与の下落について触れられることはなかった。陶磁器工の男は自分の困窮について長々と話した。「わたしにとってみじめな時代でした。仕事をすることはできていて、うまくいっていましたし、それはたいがい良い仕事でした。陶磁器の仕事ではいくつかの作業をしていたので、何人もの雇用者のおかげで働くことができていたのです。それでも失業したんです。失業手当のおかげで食べていけましたが、一杯ひっかけに行くわけにはいきませんでした。ずっと失業している者もいました。みんなで言い合ったものです。『ありゃあプロの失業者だよ』ってね。フランスはこんなものに金を出すために豊かにならなくてはならなかったのでしょうか。若者にとっては、何の未来の展望もなかったのです。働きたかったんですよ、わたしは。もっとよい人生にいたるために」。靴の裁断師の男はわたしにこう告げる。「わたしの失業者カードの番号は一九五番でした。三〇年に結婚して、三十一歳の年に失業生活が始まったのです。みんな順繰りに休業していました。四三人か四五人の靴裁断師の中でいつも七人か八人が仕事にありつけないんです。職工長が指名していました。ときには社長がわたしたちを雇い続けてくれました。互いに折り合いをつけてね。一割か一割五分給料が下がってもその方がよかったんですよ」。もう一人の靴の裁断師は同じように恐慌を感じていたのだった。「失業があって、わたしにも影響がありました。仲間が解雇されるのを避けるために、仕事を減らそうと言い合いました。一人の死人が出るより二人のけが人の方がましだからって。それで二週間働いて二週間仕事をしなかったんです」。日雇いの男は思い出す。「犬のように働いていました。我慢していました。その日暮らしでした」。

会社員の中で、会計係の男の回答はこうである。「三二年に失業しました。X社から解雇されたのです。わたしは経理で、法学にも通じていたのですが、求人広告で仕事を探しながら、生活のために肉体労働に勤しまなくてはならなかったのです。わたしの資質に見合った仕事を見つけることはできませんでした。あの経済［恐慌］のメカニズムは、わたしの境遇を打ち砕いたのです」。

職人の間では、面談者の三人が自分は失業で辛い思いをしたと述べた。まず左官の男である。「一週間か二週間の失業で、四回か五回ほどそういう憂き目に遭いました。そうでなかったら、あちらこちらに仕事に行っていました。炭焼きをしたり、いろんなことをして生活していました。それから土木局や市が失業者に仕事をくれたんです。あの頃は、左官仕事には悪い時期でした。毎日肉屋に行くなんてことはありませんでした」。失業した暖炉職人の男が断言する。「手当金は貧弱でしたが、生活はできました」。配管工の男はこう思い出す。「たいへんな時代で、わたしは失業していました。妻もでした。結婚したばかりだったのです。妻が家で仕事をしてなんとかやりくりしていくことができましたが、そんな境遇のために子どもを持つことができなかったのです」。

恐慌の影響を受けたと言った者の中でいく人もの人が経済活動の不調に言及した。出張販売員がそうである。「わたしは総売上高ベースの、歩合制で稼いでいたんです。ですから恐慌は影響がありました。株式暴落からフランス人民戦線が出てくるまでの間でしたね」。工場経営者の回答はもっとはっきりとしていた。「二五年から三〇年は普通で、ずっと安定していて、ずっと穏やかでした。三〇年から三六年はずっとたいへんでした。とりわけ靴の製造業者にとってたいへんでした。お分かりでしょう。組合が大衆を動揺させて、リモージュの靴製造の息の根を止めたんです。競争相手も同じでした。ストラスブールのバタ［靴のメーカー］と工場もダメになりました。労働力の生産性は組合によって脆弱なものになりました。裁断師は進んで働けるその半分しか仕事がなかったのです。それでリモージュの生産品は値上がりしすぎました」。靴屋がさらにこう言う。「リモージュは嫌悪の的、みんなの笑いものでした。それがリモージュの政治思想のためだったかどうかはわたしには分かりません。理由はどうでも良かったんです。パリの新聞が口を出してきたのですが、とくに『ルーヴル』紙がそうでした。メーカーは小売商から排斥されていました」。

インタビュー対象者の二四パーセントは、わたしに対して恐慌の影響があったとは言わなかった。まったく気づきすらしなかったということも多かった。農業従事者がそうで、子牛と牛乳の売り上げが彼らの主たる収入源であった。農業経営をするある地主はこう述べる。「悪い年ではなかったですよ。売れ行きは順調でした。牛乳と農場の生産物をわたしが作って、妻がドラの市場にぽんこつの車で持って行ったんです。乳飲み子牛を売りさばくのに困ったことはまったくなかったです。家畜小屋で売ったんです」。農業経営をするもう一人の地主はこう断言する。「ドラの市は落ちぶれていましたが、家畜小屋で子牛や豚が売れました」。

たいへん小さな農業経営者のいく人もが恐慌に気づかなかったのは、彼らの生産物が売りに出されることがほとんどなかったからであった。そのうちの一人がこう教えてくれる。「二頭持っていました。子牛や家畜はG［肉屋］に売っていました。おい、売りたい家畜があるんだ、とGに言ってたんです。わたしは市に行ったことが一度もないから、Gに家畜をいつも引き取ってもらっていたのです。苦しい状況になったことは一度もありませんでした。ほんとうにわずかな麦は、四袋にもならなかったのですが、自分でパン屋に持ち込んで、金は払わずにパンをもらっていました。わたしにとって悪い年回りというのは、牛が子を産んで、それから子牛が一日か二日で死んでしまった年でした」。

「年によっては良いときもあり、悪いときもあった」

文化的なレベルが低い使用人や、経営者の父親のもとで働いていた息子の何人かにとっては、恐慌はまったく気づかれていなかった。「あの頃には満足しています」と農家の使用人のある男は断言する。別の男ははっきりとしないままである。「年によっては良いときもあるし、悪いときもあったんです」。

畜産業者のいく人かは、自分たちは売ることに長けていたから困ったことはまったくなかったと自慢した。たとえば、農業経営をするある地主の男はこう言う。「自分の生産物を売ることに大変苦労したことは一度もありませんでした。市のことをよく分かっていましたし、売るのがうまかったのです」。また、もう一人のまちがいなくずっと裕福な男はこう言う。「わたしはBのところの管理人と親族関係でしてね、こいつがわたしの家畜を自分の家畜と一緒に売ってくれたのです。それにわたしは良い売り手でしたし、わたしの家畜は上等だったのです」。

別の職種を見てみると、まず公務員の大多数は、生活上の心配がないので恐慌に気づかなかったということに気がつく。たとえばある教師はわたしにこう語る。「その頃わたしは結婚したのです。すぐ三人の子どもが生まれました。でも困った思い出はまったくありません。豊かな暮らしをしているという思いでいました」。パリ-オルレアン鉄道、公共団体、安全な産業部門で雇われる勤務者の何人かも同様だった。「わたしは危険のない会社にいたのです」と建物の塗装工はわたしに述べた。

化学産業のある訪問販売員の言葉は、もっとはっきりとしていた。「商売は順調でした。わたしたちは業界で競合する相手がいなかったのです。ヴェルサイユ条約で取得したドイツの特許を用いていました。新産業でした。ただ、覚えていますが、ほかの部門では、経営者はキロ売りされる時計や自転車でとりわけ日本と競合することに不平をもらしていました」。パリ－オルレアン鉄道の会社員はといえばこう述べる。「わたしたちは給料が高いわけではないけれど、安心があるのです」。発電所の作業者はこう述べる。「いい年でしたよ。失業を心配することがありませんでしたから。わたしたちがデモをすることができないのは確かです」。製紙業でも同じだったが、そのあり方は異なっていた。ボスミ村の製紙業の男は断言する。「わたしは失業したことは決してないのです。それは雇用主が別の仕事をわたしたちに見つけてくれたからでした。それでわたしはお城の庭師の手伝いをしていました。その頃は、製紙業では人を解雇するようなことは絶対にしなかったのです」。

面談者のいく人もが、幸せな時期だという思い出を語っている。彼らは若く、あるいは家庭の心配事で頭がいっぱいだったのである。

ある理髪師の男は思い出す。「最高の時代の一つでした。踊りに行って、腹ごしらえをして、ワインを飲むことができました。若い者はみんな、うまいものをたらふく食べることができました。若者だけど金があったんです。時間もあったし、マニラ［カードのゲーム］で遊びました。今ではだれも時間がありません」。その時代は好印象だというのがワイン業者である。「一九三〇年のあとはインフレまで、ブルムまでいい年でした。安定していたおかげでした」。

結論としては、多くの農業従事者が相場の下落と生産物販売の困難に敏感だった。労働者においては、恐慌だという感覚は、誰もが一致して感じていたわけではなかったが、給与や購買力にかかわる懸念からと言うよりは、失業のおそれのためにより引き起こされたものだった。パリ＝オルレアン鉄道や、公共団体、数は少ないが業績好調であった工場で働いていた人たちは、安全だと感じていたのだった。

第5章 イタリア人労働者、芸術家にしておどけ者

移民の問題はフランスにおいては新しいものではない。それぞれの世代で議論の的になっている。一九三〇年代には、議論は主に二つのグループにかかわるものだった。まずポーランド人で、炭鉱業界にたいへん数が多く、フランスの北部と東部にいた。次にイタリア人で、国の南に多く根を下ろしていた。そこで、このよそ者たちに対してどのような反応を示したかを、証言してくれる人たちに話してもらってみたかったのである。

――イタリア人にどういう印象を持ちましたか。それはなぜですか(1)**。**

＊　　＊　　＊

調査対象者の三二人は、イタリア人が好印象を与えたことを思い出した。そして彼らは理由を説明してくれた。うち一五人は、好印象の理由はイタリア人が働き者で、よい労働者だったということにあったと述べた。「ここいらあたりじゃたくさんいましたよ」と農家の男はわたしに説明する。「建設現場監督までいましたよ。労働者としてはたいへん良かったです」。「働き者！　そう、働き者でした！　椅子作りにこちらに来た者がいました。木の丸太を削っていったんです。あっという間にできていました」。これは独立経営の木靴職人の専門からの意見である。

地主の男の意見は同じようなものであった。「今［一九六七年］よりもっといい印象を持っていました。椅子を作りに来ていた者がいました。わたしたちと一緒に食事をしてね。高くはつかないし、仕事はするし、彼らのことが好きでした」。磁器製造の窯炉係の男は叫んだ。「イタリア人は働き者で、まじめなやつらですよ。一緒に仕事をしましたが、ほんとうにいいやつ

（1）「〜をどう思いますか？」という質問は、予備調査のあとには採用されなかった。

らでした」。

一五年から一八年にイタリアが連合国だったというのも、別の六人の有権者の好意的な意見の原因であった。たとえば郵便配達の男がそうだ。「わたしは、一四年に、(2)一緒に戦ったんです。わたしたちと同じ人たちです。彼らは戦争をしたのですが、それがなぜかはわかっていませんでした。両大戦間には彼らのことを信頼していました。それから水夫としてイタリア人はとても優れているのです。いい水夫です」。左官が教えてくれる。「三九年までは、彼らのことが好きで、それは一四年から一八年の戦争のためでした。マカロニ野郎たちは兄弟でしたよ」。農業経営を行なうある地主はもっとはっきりとしていた。「一四年の戦争に最初から最後まで参戦したんです。イタリアではフランスにいた時よりもよかったですよ。わたしたちのレベルが上でしたからね。お分かりでしょう。イタリアとイタリア人に好印象を持っていました」。

イタリア人は貧しかったこともあって、調査対象者の二人の男は好意を感じていた。たとえば独立経営の木靴職人はこう述べた。「感じのいい人たちでした。ここに椅子の修理に来ていた人たちがそうです。彼らは貧しかったんです。まったくリムーザンの人に似ていました」。

もっとおおざっぱに、蹄鉄工で金物商の男はこう叫んだ。「マカロニ野郎ですか？　わたしたちに一番近い人たちですよ」。

農業経営をする地主のある男の好意的な見解の理由は、別のところにあった。「彼らは子牛を買ってくれたものでした。あの時代には、助かりました。自ら買いに来ていました。彼らが国境を閉じた時にはひどいことになりました。まったく働き者でした！　たとえば椅子作りに来ていた者たちがそうでした」。

それでも九一人の有権者がイタリア人には悪い印象を持っていたことを思い出し、そのうち七七人が理由を説明してくれた。二五人はイタリア人たちが正直ではなかったということで、否定的な意見を持っていた。裏切者で移り気だったからだ。たとえば靴修理工の男はこう教えてくれた。「戦争をしたおじたちの証言です。一九二〇年頃のことでした。残念に思いますが、みんなこう言っていました。イタリア人は正直じゃあない、とね」。陶磁器工で鋳型鋳造工の男はこう打ち明けた。「イタリア人は好きではありませんでした。戦争の前でもです。正直ではないと言われていました。背中を後ろから短刀の一撃でやられかねないと思っていました」。工場経営者の男はもっと理由がはっきりしていた。「信頼したことは一度だってありませんで

（2）年代のちょっとした間違いである。イタリア人は一九一五年からしか戦争に参加していないのだ。しかし、「一四年」という表現で郵便配達の男は「大戦の間」と言いたいのである。

した。正直ではありませんから。ラテン人種ということからは兄弟かもしれませんが。スペイン人のほうが好きでした」。独立生計の理髪師は有無を言わせないほど断定的であった。「彼らのことはずっと不実なやつらだと思っていました。イタリア人というのは裏切り者の血筋なのです」。独立生計の仕立て職人の男は述べた。「裏切者です。たとえば態度を変えるところです。一四年には、マカロニの奴らのことを悪く言っていました。あいつらは腹黒いんだってみんな言っていました。一人そういう奴を知っていました。その男にしてやれる最悪の悪口は、イタリア人種だと彼に言うことでした。彼はわたしに言ったものです。イタリア人の服をこさえる時には、前払いにしておけってね」。農業経営をするある地主の男はこう言った。「ピアーヴェ川〔イタリア北部の河川で、一九一七年にドイツ帝国、オーストリア＝ハンガリー二重帝国軍がこの川の東岸まで進出した〕の戦いに参加しましたが、そこではイタリア人のことを正直ではないと見なしていました」。

「いいかげんな兵隊さん」

調査対象者の五人によれば、イタリア人は臆病者の腰抜けであり、別の一四人にとっては一番強力な者と組もうとする無能な兵隊であった。たとえばパリ－オルレアン鉄道の機関士はこう考えていた。「イタリア人は立派な愛国者ということは決してなかったのです。いいかげんな兵隊さんなんですよ。戦争の終わりには助けてやらなくてはなりませんでした。そうでないと、戦争で負けてしまいましたよ！」入市税関職員の男によればこうであった。「フランス人とスペイン人の間にいるごろつきですよ。空威張りと言ったところでしょうか。勝った勝ったと騒いでいるのは、とんずらしようとしている時なんです」。教育関係者の一人がこう述べた。「イタリアには行きませんでしたが、どちらかと言えばイタリアのことを軽蔑していますし、うぬぼれが強いのではないかと思っています。いつも敗北してばかりいる人たちです。カポレットの戦いですよ(3)」。この手の意見が繰り返された。運転士によるとこうだった。「イタリア人はたいした奴らではないですよ。わたしたちのような勇気は持ち合わせていないです。中近東でイタリア人が働いているのを見たことがありますが、ひどい身なりで、食べるものすらない始末でした。四〇年にわたしはこう思いました。イタリア人がいるようでは戦争には負けたな、と」。

(3) カポレットの戦いでは、一九一七年にイタリア軍がオーストリア軍とその同盟国のドイツ軍に惨敗した。

靴屋の男はこう断言した。「操り人形だといつも思っていました。誰かと戦争を始めて、別の誰かとその戦争を終えるのです。考えてもみてください。オーストリア人を前にとんずらしたのですから！」日雇いで働く男はきっぱりと言った。「戦争で見たことがあります。マカロニ野郎はちんぴらでさあ。祖国というものがないんです。一七年にフランス人がいなかったらオーストリア人に平らげられていたことでしょう」。郵便・電話局の臨時職員はこう言った。「マカロニ野郎と呼んでいました。それほど尊敬していませんが、それは最初、一四年には、あいつらはわたしたちと一緒だったからです。(4) でもわたしたちのような兵士ではなかったのです。フランス人のような兵士は、どこにもいません」。

質問を受けた六人によれば、イタリア人はほら吹きで、おおげさで、こっけい（「おどけ者」）とみなされていた。植民地部隊の退役軍人はこう述べた。「ラテン人ではあるけれど、フランス人と同じように見ることはできません。ほら吹きで、何を言っても感情丸出しなのです」。錠前職人の男はこう述べた。「口やかましく、自慢ばかりの人たちです。でも芸術家です」。小作農を使う農業経営を営むある地主はこう考えた。「天賦の才を持つ幸せに恵まれているのですが、その才はマンドリン弾きにしか発揮されなかったのです」。

回答をした四人は多数の意見に反していた。

農業経営を行なうある地主はこう述べた。「わたしは彼らを評価したことはありませんでした。イタリアが尊敬されたことは決してなかったのです。ものぐさで、自国で復興しようとしなかったのです」。調査対象者の三人によれば、イタリア人が悪く思われたのは低賃金で働いて、そのために労働市場をダメにしたためだった。パン屋で働く男はそういう意見であった。「好きだと思ったことはありません。いつも安相場で働いていました。ろくなものを口にしないで生活していたのです、マカロニ野郎は。イタリア人はフランス人ほど金がなくても生活していて、羽目を外すということはしないのです。フランス人はと言えば、少しお金があるとすぐに酒盛りをしてしまうでしょう」。

わたしに寄せられたもののうち八つの回答が、イタリア人は身分の低い人たちだと見なされていて、そのためにいわば軽蔑されていたことを明らかにしてくれていた。「当時はイタリアは小国だと見なされていました。スペインのようなものと言ったところでしょうかね！」と明言したのは、ある工場経営者であった。あるトタン職人はこう言った。「土建業界では、マカ

（4）これも同じ〔年代の〕間違いである〔イタリアが参戦したのは一五年であるにもかかわらず一四年と言うこと〕。

野郎と言っていました。頼りにできる相手でしょうか？　信頼がおけません。中身のない奴らですよ」。理髪師の男はこう言った。「マカロニ野郎は、まったくダメです。国々の中で最も劣っています。まっとうな道に戻してやろうとあれこれと手を尽くすことはないと分かっていたのです」。同様の好意的ではない意見が、農業経営をするある地主からも出されていた。「イタリア人は遅れた奴らだと思われていました。貧者で、兵士として役立たずです。イタリア人はまったくダメだとみんな言っていました」。農業経営をする別の地主がこう述べた。「わたしにとって、世の中にはフランス人とドイツ人の二つの国民しかいなかったのです」。

インタビュー対象者の一〇人が、一九三〇年代の間イタリア人を好意的ではない目で見ていたと述べたが、それにはさまざまな理由が出された。

たとえば靴の裁断職人の男はこう言った。「イタリア人のことは、決してそれほど好きではありませんでした。宗教のことでですらです。奴らはまたイタリア人の教皇を押し付けてくるぞと言ったものでした」。磁器職人の班長の男はこう述べた。「わたしはドーフィネ地方〔仏南東部、イタリアと接する〕の出身ですが、ドーフィネ地方の者でイタリア人が好きな人は誰もいません」。

調査対象者でとくに印象がないと述べた人たちは、その頃は外国人と話すことがなかったのだと説明した。ある農家の男はこう言った。「何かとくに言われていたことはありません」。木靴職人はこうだった。「話題になりませんでした」。理髪師の男はこう断言した。「ちゃんと会ったことがまったくなかったのです」。

調査の結果は明らかである。イタリア人に対して多くの人が悪い印象を持っていた。人間として、当時の彼らは好意的ではない偏見のある世論の犠牲となっていた。それは特に都市部で顕著であり、田舎では意見は分かれていた。イタリア人にもっとも好意的ではない階層は、労働者を除けば学識者や事情通の者たち（自由業、会社員、商人）である。農業従事者の間では逆に印象はむしろ好意的であった。

調査を通じて引き合いに出されたその理由は、新聞でわたしたちが目にした論拠と完全に異なっていた。ラテンの同胞愛や、イタリア文化の古さや、政治体制の性質といったものに言及されることはほぼなかった。回答の多くは国民の気質で知っていることを引き合いに出していて、これは実際に接していたこと（一九一四年の戦争、共同作業）や実話をもとに形成されたものであった。田舎では、椅子藁詰め替え職人のイタリア人の与えた印象が決定的であったことが多かった。それほどこりかたまったものではなかったとはいえステレオタイプがあって、それは経済的、知的あるいは芸術的な次元ではない、道徳的価値判断にほぼ常にもとづいているものであることが回答から明らかになっている。これらの考えは精神に深く根ざしていて、イタリア政治に対する意見の立場表明をおおむね明らかにしてくれているのだ。

第6章 エチオピア皇帝に哀れみを

一九三五年、イタリアはムッソリーニに率いられていたが、アフリカの植民地拡大をねらってエチオピアを再び攻撃した。また、イタリア軍は一八九六年にアドワの戦い〔第一次エチオピア戦争におけるエチオピアの勝利を決定づけた戦闘〕で敗北していたため、この戦争には復讐を思わせるものがあった。一九三五年から三六年の間——つまりこの調査の対象の年代の間に——イタリア軍はネグス〔エチオピア皇帝の呼称〕であるハイレ・セラシエ〔一世〕エチオピア皇帝の軍団よりもずっと装備が整っていて、航空部隊を持っていたことから、圧倒的勝利を収めたのであった。

――イタリアとエチオピアの間の戦争を覚えていますか。覚えているならば、どちらを支持し、それはなぜでしたか。

＊　＊　＊

このことについて二つの質問が有権者になされた。一つ目のものは紛争に直接かかわるものだった。二つ目の質問はエチオピアの事件について国際連盟に対して感じた気持ちを分析する目的であった。この紛争について覚えていた人たちの中で、六五パーセントがエチオピア人に好意的であったのに対し、二パーセントの人だけがイタリア人に好意的だった。他の人（三二パーセント）はとくに意見がなかったと答えた。

エチオピア人に好意的である九八人の有権者のうち、五五人がこの態度の理由を明らかにした。自国では自分が主《あるじ》である権利を誰もが有しているし、弱者を攻めるのは納得できない……（格言や個人的な状況が引き合いに出されたわけなのである）という一般的な原則にしたがってそのような態度をとった人たちが二五人いたのだった。「他人の家に迷惑をかけにいくべきではありませんでした」と靴修理工の男は考えていた。「いいことだとは思いませんでした。彼［ムッソリーニ］はこの小国が誰にも何も言っていないのにひねりつぶしたがったのです」

というのが靴の裁断師の男の意見であった。タクシー運転手は打ち明けた。「ばかだと思いました。あんなところで何をしようとしているのか？　自分の家にいただけのことでしょう。わたしだったら、自分の家に誰かが来て迷惑をかけるなんて、いやなことです」。

イタリアの企てを糾弾した人たちがいた。一三人という数だった。帝国主義者による征服、侵略、植民地攻撃だったからだった。「イタリア人は装備を整えていました」とトタン職人は考えていた。「何も持ち合わせていない、武器も持たない弱小な国民を虐殺したんです。モロッコとは比較になりません。エチオピアでは壊滅だったのです」。植民地部隊の退役軍人の目にはこう映った。「彼ら［イタリア人］がしたことはまったく正しくありませんでした。あれは植民地戦争だったのです[1]」。靴修理工は自分の意見の理由をこう述べた。「ムッソリーニは征服者を演じたかったのです。支配を拡張してファッショ化するための征服戦争だったのです。わたしはエチオピア人の味方でした」。

三人の有権者によれば、遠征はイタリア人の卑劣さの証であった。代訴人見習いの男は自分の意見がどういうものだったかをこう明らかにした。「哀れな奴らだ、たった一口で平らげて

（1）意図せず出たユーモアである。

しまうだろう、名高いイタリアの勇気が心ゆくまで楽しむことだろう、帽子を羽で飾り立てることができるだろう、と思ったのです」。「こう言ったものです、イタリア人は武器を持たない相手の前だと勇敢になるのだ、と。退役軍人流の軽蔑の意味ですよ」と、一九三六年の選挙リストに新聞記者として名が出ていたある有権者が述べた。

二つの回答はイタリア人の残虐さにかかわるものであった。「イタリア人は隊長を傘で飛び降りさせたんです。残虐な人たちでしたよ。象とねずみでした」。と理髪師の男はわたしに言った。戦争当事者の両国に不釣り合いがあることを強調するには奇妙な方法であった。

五人の有権者はこの紛争が愚かしいか、時代錯誤だという気持ちを持っていたと言った。「不道徳に思えました。誰も戦争を望んでいませんでした。イタリア人は戦争を利用したのです。この戦争が起こったのがあまりに遅く、時代遅れだと本当に感じていました」と、出張販売員の男は思っていた。農家の男はこう思い出していた。「いったい奴らがあそこで何をしでかすのかと考えていました！」

回答の中の七人のものは分類ができず、ほとんど理屈に合わないものすらあった。たとえばパリ－オルレアン鉄道の職員はこう断言した。「ネグスは労働者階級にとってずっと良かったのです」。そして植字工の男はこう明言した。「この戦争は侵略だと思っていました。リオテ［ユベール・リオテ、フランス軍人、一八五四―一九三四〕のことは大好きです。しかし、エチオピアでは、イタリア人は戦争をするために戦争をしていたのです。今〔一九六七年〕でもなお、ネグスをテレビで見ると、これこそ男だと思うのです」。ある銀行職はこう考えた。「戦争でしたが、フランスが損害を受けるのではないかと心配でした」。靴の裁断師の男はよく耳にすることになるお決まりのイメージで自分の意見を説明した。「わたしはエチオピア人の味方でした。七〇年〔一八七〇年の普仏戦争〕には、フランスがドイツへの負債を支払うのに援助しようとネグスが金貨で五百万を送っていたのですから」。農業経営をするある地主の男はわたしにこう言った。「ドラの市《いち》のことと農民たちが不安そうにしていたことを思い出します。家畜を売ってはいけない。イタリアの益になってしまうから、と言う者がいました。みんな心配していたのです。世界的な紛争がここにまでできたことを感じたのは初めてです」。

調査対象者の四人の男はどっちつかずの立場を取ったことを思い出していた。たとえば織物商の男はこう説明した。「領土の拡張が必要だとみんな話していました。彼〔ムッソリーニ〕があの者たちを開化するのではないかとわたしは考えていました。しかし一方では、ムッソリーニが強奪のためにあの者たちにひどいことをするだろうと、ことのほか考えていたのでした」。教師の男によるとこうだった。「わたしたちは植民地主義者の男を非難する資格はありませんでした。彼は命を維持するために必要な場所を得ようとしたのです。人が多すぎたのです。食べさせることができなかったのです」。蹄鉄工の男がこれに近い意見だった。「わたしたちも自分のもの［植民地］を持っていたのです。彼ら［イタリア人］はわたしたちと同じようにするのかもしれない、と考えていました」。農業経営をするある地主の男は自分の意見をこう思い出した。「要するに、わたしたちも実のところ植民地を持っていたのです。それにわたしは人種差別主義者なんですよ、先生」。

情報レベルはとても高かった。イタリアとエチオピアの戦争は、とりわけリモージュで消えることのない思い出を残した。調査対象者の自由業と商売を営む人々は全員この戦争を覚えていた。通常ならば情報に疎い階級の人たち（農業従事者は七五パーセント、労働者は七七パーセント、職人は八六パーセント）の間でもエチオピアの出来事はその跡を残したのだった。

もっとも販売数の多かった右派の新聞の影響は、このことについてはほとんどなかったように思われる。(2) ほかの回答では保守的な意見を示した有権者の間ですら、率直にイタリアの政治に味方すると表明した人はいなかった。これはイタリア人とムッソリーニに対して世論に広がっていた敵意ある偏見によるものだということで説明がつき得る。

述べられた理由はきわめて単純で、イデオロギー的な意見によるものというよりは、民衆の良識によって生じた反応の表れであった。格言の使用や、国家レベルの状況を個人レベルに移し換えるような傾向が、そのことを表していた。

紛争拡大の危険について触れられることはほとんどなかった。このことから、新聞が世界的な戦争が起こるかもしれないと信じ込ませようとしたにもかかわらず、エチオピアの事件は遠くで起こっていて、植民地と見なされていた国々で起こっていたので、世論はそれほど心配はさせられなかったと考えられるのである。イギリスの経済的利益にはなんら言及がなかった。

(2) しかしながら、意見がなかったと述べた有権者のことを考慮すれば影響はわずかにはあった。彼らの中にはこう述べることで自身の気持ちを見せたくなかった者もいたのかもしれない。後の脱植民地と植民地主義の不人気が、調査対象者の人たちにどのような影響を与え得たのかも問われ得るだろう。

第7章　国際連盟、希望と不信

国際連盟は一九二〇年、第一次世界大戦の直後に、アメリカ合衆国大統領ウッドロウ・ウィルソン〔一八五六―一九二四年〕の提言により、紛争回避と世界平和維持、そして世界中に教育を推進する目的で設立された。国際連盟は、一九三五年から三六年にかけて起こったエチオピア戦争の前には強力に介入する機会はほとんどなかった。

――国際連盟のことを覚えていますか。覚えているのであれば、国際連盟が戦争抑止の目的を果たせると、少なくとも一九三五年頃まで信じていましたか。古参の有権者の八割が国際連盟を覚えていると言った。そのうち、五二パーセントが国際連盟を信頼していて、四二パーセントが信頼しておらず、五パーセントはとくに意見がなかった。

＊　＊　＊

調査対象者の人のうち七五人が国際連盟の実効性に信頼を寄せていたと述べた。(1)

ブリアンの個性とその威光が繰り返し口にのぼった。「はい、信じていました。ブリアンだったからです」と言うのは靴修理工であった。「この人物は共和国大統領となってもおかしくありませんでした。三九年まで信じていました」。ある出張販売員の男によればこうであった。「信じていました。ブリアンは演説するとまったく悲壮感がありました」。質問に応じた同じ職業の別の男はこう打ち明けた。「三二年にジュネーヴの集会にブリアンと出ました。ブリアン翁とです。彼はすばらしかった。強調しておきたいことですが、あそこではフランス語を使うのです。非常に驚いたのはフランスがいたるところで優先されていたことです。この国際連盟が

(1) その理由は明らかにされても実にあいまいなことが多かった。実際、この手の信念を説明するのは難しいことである。反対に、国際連盟の実効性を信じていなかった者にとってはその理由を説明することはずっと容易だった。

きっとうまくいくだろうと信じていました」。会計係の男がわたしに明言した。「わたしは、ブリアンを信じていました。平和の使徒です。ただ、ムッソリーニの事件が起きて国際連盟がまったく動かなかったのを見て、わたしは『これは絶望的だ』と言ったものです。国際連盟が何の制裁も課さなかったのを見て、国際連盟は死に体だ、と言ったものです」。「ああ！　そうです、ジュネーヴでの、ブリアンの例のあれです。わたしたちはあれを信じていました。もう戦争が起こらないと信じていたのです」と、陶磁器業のある日雇い労働者は声をあげた。ある事務員の男はこう言った。「はい、誠実な人、ブリアンがいましたから信じていました。しかしエチオピア紛争で信頼を失いました。これではダメだと感じました」。独立生計の理髪師は同意見だった。「ブリアンを信じていました。強国とのつき合いにたけていましたから。敏腕でした。国際連盟にはあまり信頼を寄せていませんでした」。

わたしの調査対象者の中で九人が、一九一四―一八年の戦争に対する嫌悪と、その戦争が「最終戦争」となるだろう（ひいては国際連盟が成功するだろう）という考えゆえに、国際連盟に信頼を寄せていた。

ある工場経営者は自分の考えを覚えていた。「成果が得られるだろうと思っていました。三九年まで国際連盟を信じていました。ミュンヘン会談で警戒して疑念を抱き始めましたが。このような争いのあとで戦争は不可能だと考えていました。お分かりでしょう。『最終戦争』〔第一次世界大戦を最後の戦争と見なすこと〕ですよ。確信していたのです」。小作農を使って農業経営をするある地主の男はこう断言した。「ウイルソンがいたので熱烈に信じていました。これでおしまいだ、もう戦争はないんだ、黄金の時代の始まりだと信じていたのです」。

四人の回答が国際連盟寄りのプロパガンダについて述べていた。県間交通の車掌の回答がそのようなものであった。「国際連盟とジュネーヴを信頼していました。大いに喧伝されていましたからね！　さほど目につく成果はありませんでしたが」。

調査対象者で国際連盟に好意的だった者のうち七人は、さまざまに異なる理由を説明した。「国際連盟はいつもなにがしか分裂があって、たいした役に立たないことがよく分かっていました。ただ、戦争のことを考えることはもはやありませんでした。みんな、言ったものです。わたしたちは勝者だ、戦争には勝ったんだ、とね」とは郵便配達員の考えであった。銀行員によればこうであった。「変化があるだろうと考えていました。このこと〔平和〕に取り組んでくれるものが今やできた、と言い合ったものです」。路面電車の車掌の目にはこう映った。「国際連盟は戦争を阻止しなくてはなりませんでした。信頼していたのです。国際連盟とマジノ〔アンドレ・マジノ、フランスの軍人・政治家、一八七七―一九三二〕がいましたから」。感動をあらわに、教師はわたしにこう述べた。「ほんとうに信じていたのです！　わたしにとって、それは大きな希望だったのです。平和でいっぱいのこの樽がたじろいだのを見て、憤慨しました。ウイルソンは、わたしにとってはもっとも偉大な人物の一人でした」。「わたしは信じていました。ただ、それはヒトラーが到来するまでのことでした。あの日、わたしはお隣さんに破滅を予言しました」というのは農家の使用人の回答であった。「高等師範学校にいたのでそれは信じていましたが、それから、役立たずでむだな機関だと悟ったのです」。一九三五年に二十五歳だった教師はわたしにこう回答した。

国際連盟の実効性を信じておらず、自分の考えを思い出した調査対象者は六〇人だった。(2) つまりこの機構を信じた意見よりも少し少ないのである。

「あまり信用していませんでした」

人がいるかぎり戦争は避けられない、これが彼らのうち九人の意見だった。靴修理工の男によればこうであった。「国際連盟のことを信じたことは決してありませんでした。マジノ線もです。戦争は必ず起こるのです。男とは力を誇りたがりすぎるものなのです」。郵便配達員はこう思い出した。「よく理解できていませんでしたが、あまり信用していませんでした。兵隊と軍部があるかぎり、戦争は起こるのです。兵隊や軍を維持しているのは、使うためなのだ、と思ったものです」。農業経営をするある地主の男は、これに似た意見だった。「わたしとしては、決して信じたことがありませんでした。ペルシャの諺もこう言うではないですか。二人の人がいたら必ず争いがあるものだ、とね」。

八人の調査対象者は、話、長談義、無駄話が多すぎたことを引き合いに出した。たとえばパリ－オルレアン鉄道の一員はこう述べた。「まったく信じていませんでした。議論ばかりで、無駄な書類のようでした。何の役にも立たないことに多額の金を使ったのです」。

別の七人は、この組織が混乱しきっていたことを引き合いに出した。「でくのぼうの集いですよ。一度だって信じませんでした。空っぽですよ。とてつもない大金が飲み込まれていったんですよ。条約も同じです。あとで諍《いさか》いの種になるだけだったんです。嫌悪の原因を生み出していたのです」。磁器工の男の意見はこうだったが、配管工の男によれば、「てんやわんやでした。こんな代物を決して信用しませんでした」。金物商は同意見であった。「わたしにとっては、

（2）すべての回答が理由を説明することができた。

混乱、茶番でした。決して信じませんでした」。

ブリアンの人格については、七人の調査対象者に非難された。仕上げ工の男はこう言った。「ブリアンは巡礼者の杖を手にして、大都市に出ては大演説をぶって、口上を述べて、甘言を並べ立てたのです。後ろに大砲だ！　背後に機関銃だ！ってね。みんな拍手喝采で涙を流していたけれど、わたしは信じませんでした」。工場経営者はもっとはっきりしていた。「ブリアンは大ばか者の大ほら吹きです。決して信じませんでした」。

この時期に有権者だった八人の目には、国際連盟は高くついた企てで、「世渡り(3)」のチャンスであった。「決してよく分かっていたわけではありません。信じているようで信じていませんでした。こういう御殿やお船がないと生活できない人がいるものです」とは、パリ＝オルレアン鉄道の運転士の考えであった。この男の同僚の一人はこう考えた。「わたしの理解の限度を少しばかり超えていました。政府のやったことで、わたしが知っていることと言えば、スイスのどこかの宮殿で奴らが大金を費やしたということだけです」。石切り工の男は国際連盟についての彼の見方をこう思い出した。「まやかしで、大臣や書記に次から次へと『世渡り』のポストができたんです。いつか何かが起こるといつも思っていました。そう分かっていたのは、わたしがドイツから来た人たちと仕事をしていたからです」。ある農家の男はもっとはっきりとそこに「金食い虫」を見て取っていた。農業経営をする地主の男はさらに雄弁であった。「ジュネーヴでのことでした。あまり信用していませんでした。地位にありつきたい男たちだったのです。ヒトラーがやってきた時、どうしてこの男たちはこいつを止めないんだ？と思いました。ある日、学校の先生が平和のための運動をしていました。わたしは彼に言ってやりました。あの男たちがやるか、何もないかだ、とね」。

四人の回答は国際連盟の実行力の欠如にかかわるものだった。たとえば理髪師はこう述べた。「誰かが誰かを殴りたいと思った日には、そいつは紙くずなんか破ってしまう。一体誰がそれを止められるっていうんだ、と思っていたものです」。

加盟国の間で意見の食い違いがあまりに大きかった、というのが調査対象者の四人の意見だった。とりわけ植民地部隊の退役軍人の男はそうであった。「同じ考えや同じ意見というものを持たない人たちの集まりで、世界が同じ方向を向くことを望みませんでした。これではダメでした」。

他の三人にとっては、国際連盟はユートピア、夢に属するものなのであって、別の三人は「間

（3）リムーザン地方の言葉で腰かけ仕事のことを言う。

抜け組合」〔国際連盟はフランス語の略語でSDNであり、la Syndicat Des Nouilles（間抜けどもの組合）と言葉遊びをしたもの〕と語呂遊びを披露した。

他の回答の中から機械工のものを取り上げよう。「ボイコットする人が多くいたのでしょう。ウイルソンが創設したものでした。あまり信頼していませんでした。政治家ですから。もはや戦争が起こらないなどと決して信じませんでした。企業の寄り合いが操っていたからです」。文筆家の回答はこうであった。「ごく最初は、すべての元軍人のように、大きな希望を持っていました。ただそれから、ほかのことと同じくお役人仕事になったのです。外交精神、外交の手管、もっとも内輪の組織の中にまで残されている国民の概念といったものを、そこにわたしは見ていました」。織物商の男はこう述べた。「わたしはルール占領〔一九二三年に対独強硬派のポアンカレが主導して行なったドイツのルール地方への進駐・占領〕に参加したのです。わたしはポアンカレの政策の熱烈な賛同者でした。国際連盟では、そこに派遣されていた人たちは平和を維持することができませんでした」。「国際連盟のことを決して信じませんでした。なぜならばドイツ人にとっての報復戦争をずっとわたしは信じていたからです」と言うのは農業経営をするある地主の見解である。

調査対象者の有権者の八割が国際連盟の存在を思い出している。これはリムーザン地方の人々の政治の領域における情報レベルの高さを示すあらたな証拠である。しかしながら、この点で社会職業の階級によって違いはかなりはっきりとしている。情報レベルは、またもや、都市部（九〇パーセント）が農村部（六七パーセント）より高くなっている。

結局失敗に終わったということが有権者の思い出に影響している可能性があるにもかかわらず、思い出した者の大多数は国際連盟に信頼をおいていた。ここに、用いられた手法が適切であったこと、またわたしたちに寄せられた回答の誠実さの証を見ることができる。国際機構へのこの信頼は、この地域における平和主義とインターナショナリズムの伝統の力と関係づけるべきものである。この点で、社会主義の最も堅固な支持基盤であったリモージュの労働者の間に、この信頼がとりわけ広まっていたことを指摘できることは示唆的である。最後に一九一四年から一九一八年に召集された高齢者は若者よりもずっと国際連盟に信頼を抱いたように思われる。

回答のおかげでブリアンと国際連盟が頻繁に結びつけられていたことが確認できた。[4]「最終

（4）ブリアンは二七回言及された。反対にウイルソンは四回しか言及されなかった。

戦争」が引き合いに出されたことは思ったほどはなかった。国際連盟の実効性にいつも疑念を抱いていたと主張する有権者の精神の中では、人の経験、良識、そして農民のことわざが果たした役割がまたもや決定的であった。政治家、会議、官僚主義[5]に対して敵対的な偏見も見出される。イギリスのリーダーシップへの言及はまったくなされなかった。戦争の勃発に関してこの組織に責任があると述べた回答は一つだけだった。また、引き合いに出された論拠は、新聞が用いていた論拠と、やはり異なっていた。

(5) たいへん驚くべきことのように思われることは、浪費と「世渡り」という考えに重要性が与えられていたということである。

第8章　本来危険なドイツ

ヴェルサイユ条約の条項に反して、ヒトラーはライヒ〔帝国〕の再軍備を一九三五年三月に決めた。そして一九三六年三月にラインラントを再武装した。その間に、首相のピエール・ラヴァルはモスクワで仏ソ相互援助条約に署名していた。したがって、この三つの出来事はわたしたちの調査にかかわる期間に位置していることになる。わたしたちが次の質問をしたのはそのためである。

――第一次世界大戦直後にヴェルサイユでドイツに対してフランスとその連合国がとった態度を当時どう思っていましたか。厳しすぎたでしょうか、穏健すぎるものだったでしょ

うか。

＊　＊　＊

調査対象者の有権者の八割、つまり大多数が彼らが持っていた意見を記憶していた。それらの中の七九パーセントが態度が甘すぎたと考え、一四パーセントが厳しすぎたと考え、五パーセントが適切なものだったと考えていた。有権者の一人は、この態度が最初は厳しすぎたが、その後は穏健すぎたと考えた。

調査対象者のうち二一人が、フランスとその連合国はドイツに対して厳しすぎる態度を取っていたと見なしていた。提示された説明は極めて多種多様であったため、支配的なものを見出すことは難しい。調査対象者の四人の意見は、占領統治が厳しすぎたとしていた。別の三人によれば、ヴェルサイユ条約の条項は厳格すぎたという意見だった。また、ドイツに植民地、ザールラント州、あるいはたんに生存圏〔ある国家が自給自足を行なうために必要な領土を指す地政学用語でヒトラーがとくに主張した〕をあらためて与えるべきだったとする意見が、有権者の四人のものだった。別の四人は、連合国とフランスがもっとドイツの社会党員とワイマール共和国を支援すべきだったと考えていた。別の三人によれば、フランスと連合国の責任は、戦争を望んでいたこれらの国々の資本家たちの影響によるものだということだった。

これらの回答のいくつかの例を挙げる。入市税関職員の男はこう考えていた。「当初からあまりに厳しかったのです。占領に参加しましたが、好ましくないものを目にしました」。さまざまな逸話があり、ラインラント分離派のデモで、軍曹長がデモ隊のいく人もを銃床でひどく撲った、というものがあった。ボンの学生が、あてずっぽうに行なわれた虐待の被害に遭った、という言及もあった。ドイツの鉄道員のストではフランスの鉄道員が配置された。「通りに行って、人々を戸外に出させました。泣いている人たちを見ました。こうやって反感は生み出されたのです」。靴の裁断師の男は覚えていた。「一九二一年から二三年のドイツで生活したのですが、ドイツ人家庭に受け入れられたのです。真心のこもった労働者の環境でした。労働者の変化はフランスにおけるものよりも興味深いものでした。ヴェルサイユでは、辛い思いをした人たちがどのような反応をするかがあらかじめ予見できなかったのです。ワイマール体制は支援を受けなかったのです」。郵便配達員の男はこう言った。「あまりに厳しすぎたのです。それで三三年にみんながヒトラーについていって一致団結したのです」。パリ-オルレアン鉄道の作業員はこうはっきりと述べた。「ドイツ人と戦争をするべきではなかったのです。隣人なのですから。それにドイツ人は同盟を提案していたのです。もっと彼らの言うことを聞くべきだったのです」。機械工の男の意見はこれにかなり似たものであった。「……あの時に生存圏を彼らにあらためて与えるべきだったのです。彼らは経済面で苦しんでいましたのですから、発展させ、勢力を拡大させなくてはならなかったのです」。仕立て職人の男はこう述べた。「ザールラント州はドイツなのだからドイツ人にゆだねるべきだとブリアンが言ったとき、わたしは支持しました。もしもあんなに厳しくしていなかったら、ひょっとしたらヒトラーは権力を手にしなかったかもしれませんでした。他の人は我慢できたかもしれなかったのです。ウナギは強くつかもうとすればするほど、とらえておくことができないものなのです」。

「ドイツとはヘビのようなものだ」

一一三人の有権者がフランスと連合国の態度は甘すぎたと考えていた。八四人の人がその理由を説明した。彼らの中で一二人によれば、ドイツ人の気質を考慮すべきだったということであった。ドイツはいつも迷惑で（一二人の回答）、いつも報復を図っている（一五人の回答）ことは分かっていたことだというのである。「わたしたちは十分に厳しくしていませんでした。奴らの血がそうさせるのです……。歌と太鼓の連打が聞こえてきたらついていってしまう、というのがドイツ人の気質です。それに、フランス人も同じで、この点では両者はかなり似た者同士なのです」というのが植字工の男の回答であった。「みんなが言っていたことですが、ドイツ人は徹底的につぶしておいて迷惑をかけさせないようにしておかないといけない、これが村の考えでした」と小作農の男は振り返った。「またやらかすに決まっているとずっと思っていました。やめさせようとしてもどうしようもないのです。生まれつきそうなのです」と、父親のもとで当時働いていた指物師の男はわたしにこう答えた。「わたしたちは甘すぎたのです。たるんでいたのです。ドイツ人に対しては厳しくしなくてはならないのです。そうしないと負けてしまいます。面と向かってはおべっかを使い、後ろからは噛みついてくるものです」。警察署職員の考えはこうだった。理髪師の男によれば次のようであった。「わたしたちは十分には厳しくなかったのです。わたしはサロ〔アルベール・サロ、フランスの政治家、一八七二―一九六二〕を批判したものでしたが、彼があれ［戦争］をしたがっていないと感じたからでした……。ドイツ人は勇敢で、規律正しくて、切れ者で、控えめで働き者だとわたしは見なしていました。だから怖れていました。こういう相手に対して防戦するのはたいへんです。それに奴らの頭を押さえつけておけるのはフランス人しかいない、と思っていました。ドイツ兵の野郎どもも同じことを考えていたのです」。「あまり厳しくしていませんでした。ドイツが二百年にわたって四つ切りになっていてほしいと思っていました。ドイツはヘビみたいなものです。足で踏みつけているうちはいいですよ、でも足をあげたら嚙みついてくるのです」というのがある理髪師の男の意見であった。

勝利の時にすでに、報復があり得ると考えた者もいた。今日（一九六七年）でもなおあらたな報復を懸念する者もいた。たとえば工場経営者の男は、一九一九年に戦争が終わったとは思わなかったと言い、また仕立て職人の男はこう考えていた。「彼らにとっては、わたしたちはそれほど厳しくなかったのです。逆に、ドイツはずっとこれからも報復をしようとするのです……」と。

質問に回答した一一人が、ドイツ人にそれほど厳しくなかったその理由は、たんにフランスが戦勝国だったから（五人）、また七〇年〔一八七〇年、普仏戦争〕にフランスは支払いをしていたから（六人）だと思っていた。「七〇年に彼らは手厳しかったです」と靴修理工は思い出す。磁器工の男はもっと雄弁であった。「七〇年のあとで彼らがわたしたちに払わせたような代償を、ヴェルサイユでわたしたちは彼らに払わせませんでした。七〇年には募金があって支払いはすぐにされました。金を積んだ汽車だったんですよ、先生。一四年から一八年のあとでは空っぽでした」。建物の塗装工の男も自分の考えを記憶していた。「わたしたちはルーズすぎました。

やりたいようにさせてしまったのです。彼らは負けたのだから賠償しなくてはいけなかった、それだけだったのです。それで決着がつくというものです」。ある工場経営者はこう言った。「わたしたちはやる気に欠けていたと、わたしは思っていました。彼らは負けたのです。わたしたちは七〇年のあと償わなくてはなりませんでした――父が話してくれたものでした――。そうでなければ彼らは条約に署名するべきではなかったのです。〔三六年に〕ラインラントへ師団が進駐してほしかったのですが」。「領土を彼らから取り上げたわけではありませんでした。それに彼ら自身の責任だったのです。わたしたちは七〇年とその前には、彼らに領土を差し出しました。わたしたちは代償を払ったのです」。農家の使用人はこのような意見であった。

調査対象者のうち一六人によれば、似たような印象がドイツの一部を占領した期間にも持たれていた。仕上げ工はこう言った。「一九二一年にわたしは決定的な衝撃を受けました。占領時代でしたが、ドイツの子どもたちが集団になって、首を切るような身振りをしながらこぶしを振り上げていたのです。この子供たちが二十歳になったら報復戦争になるだろうと思いました。司祭か教師が彼らの頭にあんなことを植え付けたのです。それで、戦争が起こるといつも信じていました。シャルル・ロベール＝デュマ（『ル・クーリエ・デュ・サントル』紙）〔フランスの文筆家、一八七五―一九四六〕のドイツの再武装についての記事を読んで、わたしの考えはより強くなりました。わたしの兄［教師］はカエサルのガリア戦記についての本を貸してくれたのでしたが、そこにはゲルマン人が狡猾で残忍だと書かれていました。それから変わっていなかったのです。個人では愛想がよく、行儀がよくて、親切です。集団にして旗のもとに集めてご覧なさい、何をしでかすか分かったものではありません」。出張販売員の男も同意見であった。「ドイツ人はいつだって復讐心をもっていました。遅かれ早かれ報復しようとするだろう、言いがかりを見つけようとするだろう、とわたしたちは言い合ったものでした。しかし、ヴェルサイユでは譲歩してしまったのです。［彼はルール占領に参加していた。］あの時、彼らは報復できる状態にはありませんでした。ルールが占領されて啞然としていました。戦争経験のない若者たちの間にとりわけ敵意を感じました」。

機械製図工の男はこう思い出した。占領時代に、「ドイツは力でしか屈服させることができないことを認識しました」。そう言ったことの証拠になる逸話を話して、こう結論を述べたのであった。「ドイツ人は自分たちが負けたと認めていない」。占領地を逃げ出した農家の男はこう言った。「ヴェルサイユの時から、またライン川を占領した時から、もっと彼らのことを締め上げてほしいと思っていました……」。占領時には、「二〇人いれば二人はわたしたちと親しくなりましたが、残りは油断がなりませんでした。何かわたしたちに売りつけようとした時には別でしたが」。農業経営をするある地主の男はこう教えてくれた。「いくら厳しくしても十分ではないと考えていました。報復してくるだろうといつも思っていました。［ルール占領で］小さな駅を通った時に、ほんとうに小さな子どもたちがわたしたちに向かって首を切るしぐさをしてきたのです」。「わたしは占領に二年半参加しました。気に入ってはもらえませんでした。ガキどもまでもが石を投げてきました。いつも戦争が起こると信じていました。十分には厳しくしていないと思っていました」と、別の男はこう回答したのであった。一五人の有権者の意見は政治家や軍人の影響を受けていた。すなわち、八人がポアンカレに言及し、二人がフォッシュ〔フェルディナン・フォッシュ、フランス軍人、一八五一―一九二九〕に、一人がクレマンソーに、一人がウェイガン〔マキシム・ウェイガン、フランス軍人、一八六七―一九六五〕に、そして最後の三人が別の人物の名に触れた。ある事務員はこう断言した。「ポアンカレがルールを占領したのに賛成でした。彼らがまた始めないように、いつももっと毅然としたかったのです」。「ポアンカレと同意見でした。彼は危険を察知していました。彼らをおとなしくさせたのは当然のことでした」と、オート＝ヴィエンヌ県路面電車の車掌は答えた。小作農を使って農業経営をするある地主の男は、自分の考えをこう思い出した。「フォッシュの考えに同意していました。もっと彼らを締め上げなくてはならなかったのです。報復があるといつも信じていました」。

わたしの質問に答えた五人がフランス人はウイルソン、アメリカ人、あるいはロイド・ジョージ〔イギリスの政治家、一八六三―一九四五〕に丸め込まれたという印象を持っていた。わたしたちが甘かったのは「わたしたちに条約を作っておきながら戦争の脅威をいつも放っておいたアメリカ人のせいで、こうやって奴らは財をなしたのです」と、出張販売員の男は答えた。石工の男はこう答えた。「……ヴェルサイユでは甘すぎたのです。ウイルソンが悪かったのだとみんな言っていました」。

有権者の四人が三六年にラインラントへの侵攻を願っていたことを覚えていた。残りの六人の回答はずっとばらばらである。「彼らをもっとしっかり押さえ付けなくてはいけない、彼らは抜け目がない、国内で混乱になる前にストップしたのだ、とあの頃はみんな言っていました」と、農業経営を行なうある地主は思い出していた。「オーストリアはつぶしておきながら、ドイツはそのままにしてあったということ、オーストリアが大国で最大の原因だと見なされていたことにわたしは驚きを感じていました」と言う農業経営を行なう地主もいた。製紙業職人の男は、ドイツ人が「フランス人殺し」だと考えていた。「みんな甘すぎたのです。一九三五年から火の手があがっていたのでした。それにフランスにはあまりにもたくさんのスパイ行為があったのです」。

記憶がゆがめられてしまうことのリスク、それはドイツにかかわることとならなおさらだが、そのようなリスクを考慮して、寄せられた回答の活用には十分に注意をはらうことができるようでなくてはならない。しかしながら、いくつかのデータは明らかである。左派系新聞によって拡散された意見の影響は小さかったようである。フランスと連合国にひねりつぶされ、力で制圧されて隷属状態にあるというドイツのイメージは定着していなかった。すでに判明しているように、[1]調査対象者の大多数が左寄りで、平和主義がこの地方の政治的イデオロギーの根幹にあっただけに、これは注目すべき点である。

ドイツについて、その印象は本人や家族の者が実際に経験したことから生まれていた。政治的論理というほどのものではもはやなく、おおまかな印象であって、第一次世界大戦ととくに占領[2]の思い出にその源泉がある。

社会職業別に回答を振り分けた表を作成してもほとんど意味がない。というのは、さまざまなグループのメンバーがほぼ同じ程度の比率で全体の意見を共有しているからである。農業従

（1）これは純粋に政治的な質問によって得た回答のおかげで分かっていたのである。

事者よりは労働者の方がフランスの厳格さを非難する傾向にあった、ということが強調できるくらいである。

ドイツの扱いが過度に厳しいものだったと考える二一人の有権者が提示したその理由は、数が少なく、有効な分析を行なうのが難しかった。反対の考えを抱く一一三の回答についてはそれとは異なっていた。なによりも驚いたのは「報復」や「報復主義者」という語が頻繁に使われたということだ。これに七〇年の戦争とドイツに支払われた賠償金に対してなされた暗示を含めて考えると、一四―一八年の軍人世代のメンタリティを理解するには、七〇年の思い出や伝説を大きく考慮しなくてはならないと思われるのである。この戦争と第一次世界大戦に続いた時期への暗示は、ドイツに関することに対して用いられた唯一の歴史的なレファレンスである。この点では回答は、イギリスについて寄せられた回答と完全に異なっている。「先祖代々の宿敵」という表現がドイツについては一度たりとも使われなかったことが認められるのは驚くべきことである。

回答の大多数は国の気質に目を向けていた。つまり変わらぬ特徴のなかに固定化されてしまったドイツ国民のイメージである。(3) その特徴ははっきりと定義されていないものの、怖れを抱かせるものである。ドイツ人への怖れを説明するために、ドイツ人の道徳的性格を具体的に挙げる例はほとんどなかった[4]。それはイメージ、視覚的表象によって説明されたのだった。このことについて、ドイツ人と有害動物との比較が頻繁になされることは考慮されるべきである。たとえばヘビや、あるいは具体的ではないものの刺したり噛みついたりする動物であり、たんに自己保存本能から自分を守らなくてはならないような動物である[5]。

最後に、ナチスの政治体制が持つ性質がゆえに、ドイツに対してフランスが力を発揮することを望む有権者は皆無だった。このことはわたしたちの調査の有効性をさらに確固たるものにしてくれる。ただ、一二人の有権者は、とりわけポアンカレのような右派の政治権力者を盾に

(2) 連合国側は部分的に戦争時に判断されたが、ドイツ人についてはとりわけ戦争のあと、そして占領期に判断されたのである。これはたんに良識に基づいてなされたものである。この章においては「占領」という語は、第一次世界大戦後にドイツ領土の一部が占領されたことを指している。

(3) 一種の永遠なるゲルマン人というものであるが、この印象はこれもまた歴史に基づくものではないのである。たしかに、ドイツが一つの国家となったのは比較的最近のことなのである。

(4) ドイツ人に対してはおそれと称賛がまじりあっている。

(5) 外国人を動物(ロシア熊、ドイツ狼、等々)にたとえる習慣が世論に与える影響を研究することは興味深いだろう。これらのイメージはたしかに外国人に対する精神的な態度を決定づけるのである。これはむしろ心理学の領域であることも事実である。

身を守っていたのである。

第9章 イギリス人、先祖代々の宿敵……

一九三五年以来、イギリス政府は、政権を得るのが三度目となるスタンリー・ボールドウィン〔一八六七―一九四七〕首相によって率いられていた。先立つ数年前に着手された経済再編で失業者は減っていた。わたしの面談者の記憶には、イギリス史のいかなる際立った事実も刻み込まれてはいなかった。エドワード八世〔イギリス国王、一八九四―一九七二〕の退位が引き起こした王朝の危機によって、イギリスは新聞の一面に登場することになるのだが、それは人民戦線の勝利のあと、六ヶ月経った一九三六年十二月に、ようやく起こったことに過ぎなかった。

――この時期、フランスにとってイギリスは頼れる存在だったと思いますか。それはなぜで

すか。

* * *

インタビューを行なった有権者の九一パーセントは自分の意見を覚えていた。彼らのうち五三パーセントがフランスにとってイギリスは頼れる存在だったという所感を持っており、四五パーセントがそれとは反対の意見、一パーセントがどっちつかずであった。

それでは、こうした回答に対して彼らが挙げた理由を検討していこう。七一人の有権者がイギリスはフランスにとって頼りになる存在だった、と捉えていた[1]が、それは第一に、彼らのうち七人によれば、フランスを支えることがイギリスの利害に適っていたからだった。ある工場経営者はこう思い出す。「わたしはいつもイギリス人たちにかなりの信頼を寄せていました。とはいえ、利害勘定のない援助なんてありえませんでした。考えてもみてください。彼らはわれわれのすぐ近くにいるじゃないですか。海峡があるだけですよ！……」、「わたしは彼らを信用していました。そうすることが彼らの利害に適っていたからです」というのは、陶磁器業の日雇い労働者の簡潔な回答である。木靴製造工は「彼らはアメリカ人同様、われわれと同じ利害関心を持っていたんですよ」とわたしに述べる。

わたしの面談者の七名は自分の意見の理由として、単にイギリスが同盟国であり、かつ戦時中もそうであったということを挙げた。たとえば小作人は「はい、だって一四年にわれわれは同盟国だったんですから」と言い、製紙業者の男は「ええ、というのは同盟国、つまり、われわれの好む相手だったからです。アメリカ人のようなものだったんですよ。一四年の戦争では彼らのおかげで助かったのです」と語っている。そしてまた農業経営をする地主の男は「わたしは信頼していましたよ。一四年に共に戦ったんです。もちろん兵士としてわれわれよりできはよくなくて、すぐに戦場からずらかるようなやつらです。でもまぁ、結局は同盟国だったんですよ」と述べている。

(1) 二三人ははっきりとそう断言しつつも、彼らはそのように感じる理由を説明できなかった。また、二四人は意見を述べる際、多少のためらいがあった。残りの二四人のみが、自らの印象を多くはきわめて短いものではあったが説明できた。

「イギリス人は、だれよりも抜け目がない」

四人の有権者は、イギリス人たちが忠義ある約束をした、という理由で、信頼を置いていた。トタン職人は次のように主張している。「わたしの考えでは、あちらには、内閣が三日しか続かないような我が国のどこにもない、多数派の与党が存在しました。政府があればその政府はしっかり統治を行なうし、約束を守っていたようでした」。出張販売員は同じ意見を共有している。「ええ、彼らは約束を守って、［ドイツの脅威に対して］当然のこととして応酬してくれました」。パリ－オルレアン鉄道の車掌は「一九一二年頃、わたしは王と王妃をパリで見ました。彼らはわれわれを助けてくれたし、条約を遵守しています」と回想している。ほかの六人はこれとは異なる理由を挙げている。「良い記憶がありますよ」と郵便配達の男は述懐する。「わたしは塹壕で一緒でした。彼らは優秀な兵士というわけではなかったですがね。航空や海事なら違ったかもしれません……！」。陶磁器業の日雇い労働者は「はい、イギリス人というのはだれよりも抜け目がないからです。世界でもっとも目先のきく外交官たちです」と答える。同じ業種のグループ長は「はい、イギリス人たちは決して戦争に負けることはないのですから」と断言した。きわめて簡潔に、農業経営をする地主（元軍人）はこう答えた。「はい、わたくしどもは信用を置いてました。わたしにとってはあれは小国でしたが、それでも頼れると思っていました」。また、小作人に仕える使用人は「ええ、良い兵士たちだったからです。いくつか話を聞きました。空軍については最高のものでした」と述べている。

八六人は、フランスにとってイギリスが信頼できるという印象はなかったと述べた。この立場を説明するのに、一三七の理由が挙げられた。(2)

彼らのうち四六人が歴史的な出来事を引き合いに出した。歴史を全体的に問題にする者（一一人）、イギリスが先祖代々の宿敵であるということを述べる者（一一人）がおり、また有権者二三人は意見の根拠となる歴史上のいくつかの具体例を挙げた。百年戦争は二人、ジャンヌ・ダルクが二人、アリエノール・ダキテーヌ〔フランス王妃、イングランド王妃、一一二二―一二〇四〕はひとり、三十年戦争ひとり、カナダ、アメリカ大陸、マダガスカル、インド、ファショダの植民地関連八人、ロレンス〔トーマス・エドワード・ロレンス、イギリスの軍人、考古学者、一八八八―一九三五。『アラビアのロレンス』のモデル〕、シリア、モロッコ三人、トラファルガーひとり、

（2）これ以降は動機についての量的分析である。

カンブロンヌ〔ピエール・カンブロンヌ、軍人、一七七〇―一八四二。ワーテルローの戦いでイギリスの捕虜となる〕ひとり、ロイド・ジョージひとり、ルール地方二人、ラインラントにはひとりが言及した。「不実なアルビオン」〔アルビオンはイギリスの古名。フランス人がイギリス人の蔑称として用いた〕という表現はわずかひとりの有権者が用いたのみだった。

これらの回答のなかからいくつか引用しよう。靴修理工は「歴史を見れば、イギリスは先祖代々の宿敵です。ただ、彼らにも値打ちはあるのですが……」と回想している。靴商人は自分の意見を思い出して次のように述べている。「まったく信用できません。もっとも信用できない奴らですよ。百年戦争、三十年戦争を思い出してみてください。エゴイストですし、自分たちが優位だと信じ込んでいる高慢ちきどもです。わたしたちは彼らを怖がっていました。一四年から一八年にアルベールヴィルでは、カフェに行けなかったんですよ。彼らがわれわれを追い出すのです。喧嘩もありました」。より情報を得ていたと思われる都市交通の運転士はこう説明した。「わたしは信用していませんでしたし、あまり好きになれませんでした。歴史のせいで先祖代々の宿敵なのです、いつの時代でもそうでした。植民地について言えば、彼らはポルトガル人とオランダ人を騙しました。儲けることしか頭になく、いつも何か利益を引き出そうと考えているんですよ」。「それは彼らのせいですよ」と仕上げ工の男は断言する。「イギリス人は先祖代々の宿敵です。相手をだまくらかそうとひとりたくらむ商人なんです。歴史の出来事がよく引き合いに出されていました。たとえばカンブロンヌのこととかです」。パリ－オルレアン鉄道の職員はより短くこう回答している。「百年戦争のせいで敵になったんだ、と言う人は多かったです」。靴製造業の労働者の回答に耳を傾けよう。「歴史を見れば、歴史的な出来事が人々の考えに大きな影響を与えたことがわかります。たとえばカナダやトラファルガーですね。学校で教えられたことに基づいて、いつ襲ってくるわからない連中だと思っておりました」。そしてこちらは石工の見解である。「わたしはいつも思っていたのですが、イギリス人は親しげに肩を組む素振りを見せるんです。が、きまって骨の髄まで喰らいつくすのでした……」。率直さというものがまるでないんです。ジャンヌ・ダルクが火炙りにされたこともありますね」。金物商はこう思い出す。「わたしはモロッコでイギリス人の武器の不正取引を見ました。ドイツの鉄砲だと思っていたら、実はイギリスのものだったのです。さらに、シリアから来ていた将校たちがわれわれに話してくれたこともありますし……」。「わたしはやつらがやってきたのはわれわれを妨害するためだったと思っていました」と理髪師はわたしに答えている。「アメリカ人は良いですよ、でも、イギリス人は我が国最悪の敵です、独り占めしようとする輩で、何よりも前に利益を見ているのです」。農業経営をする地主の男はよりはっきりとこう言っている。「イギリスはいつもフランスに戦争をさせようとしました。あれはフランスの友人ではありません。一四年にわれわれとともに戦うためにやってきましたが、それは怖かったからですよ」。

　インタビュー対象の有権者のうち、多くは元兵士だった二七人が、一四年から一八年までのイギリス人の態度を自分の意見の理由にしていた。彼らのなかでは、二二人が兵士としての出来の悪さを問題にし、三人がイギリス人軍隊は役に立たないことを挙げていた[3]。「一四年から一八年のあいだ、イギリス人がちゃんとやってきたのを見たことないね……」と建物塗装工はわたしにはっきり言った。「信用なんてしてなかったですよ。あいつらは銭を持ってたって、軍人じゃねぇです。王妃や王様の前で出すためのお飾りとしてしか軍を持ったことがない。一方、われわれフランスやドイツのは、ちゃんと通用するもんです」。靴の裁断師の男によれば「のらくら者、気取り屋で、髭を整えることばかり考えている」とのこと。「一四年から一八年のイギリス人たちはまじめではなかったです。よく脱兎のごとく逃げていったものです。大砲を持っているのにですよ！　しかも新品のです！　わたしはあまり信用していませんでした。戦場からさっさととんずら決め込んでですから。しっかりこの頭で覚えてるんです」と都市交通の車掌は思い出す。「信用ですか。まったくないです。一四年から一八年までのことが原因ですよ。イギリス人はあまり好かれてませんでしたね。知識層でも、こうした印象が重きをなしていました。これは妥当なところですよ。というのも、歩兵部隊で生活をともにして、同じ苦しみを味わったからよく知ってるんです」。これは新聞記者の意見だった。パリ−オルレアン鉄道の作業員は、よりはっきりした意見を記憶していた。「イタリア人のように彼らは車で走ったり、衛生兵になるぶんには良いんですが、前線ではまったく用をなしません」。郵便配達の男の話に耳を傾けよう。「信頼ですか。微塵もなかったですね。イギリス人というのはあまり信頼しちゃいけない連中です。防衛地区に入ろうもんならすぐに見限って放棄してしまう。うしろにフランス人がいなくちゃいけない。武器はたくさん持ってたのに、前線で戦える兵士の方が足りないってわけだ。ただし、仲間として過ごす分には悪くなかったですがね」。肉屋の見習い店員はわたしにこう答える。「イギリス人ですか、どっちとも言えませんね。軍事的には無能でした。すぐに逃げるもんだから前線にいる脱兎のようでしたよ」。そしてワイン業者の男はこう言った。「信用はしてなかったですね。歴史上、彼らはわれわれをさんざんにだましてきたので。戦闘はいつもわれわれフランスの方で行なわれるんです」。彼は一九一五年の

（3） こうした理由もまた、歴史に関するものと考えることができるだろう。

義兄弟の最後の手紙にこう書いてあったことを思い起こす。「イギリス人たちが銃後で紅茶を飲んでいるその時、われわれは腹まで泥に汚れている」。農家の男はこのように記憶している。「イギリス人をですか。ああとんでもない！　いっさい信頼するなんてことはありませんでした。ありえないですよ！　あれは兵士ではなかった。テッサロニキでパレードの兵士たちを見たのですが、いい加減な服装でした……」。そして小作農を使って農業経営をする地主はこうである。「……兵士ではありませんよ。撤退することしか能がないんだから。一七年のソンム県で彼らはアミアンを放棄したんですよ。イギリス人たちに会えると思ってわれわれが到着した時に、そこにいたのはドイツ人だったのです」。

「エゴイストです。ありゃヨーロッパ人ではないですよ」

わたしの面談者の四四人は国民性に関わる理由を示した。彼らのうちの一一人の目にはイギリス人はエゴイストに見え、六人によれば何をおいても島国人であった。錠前屋はこう答えている。「いいえ。あれは相も変わらず偏狭な島国らしい国で、とくにエゴイストで、自惚れで、自信満々にしていますよ。兵士について言えば、彼らとフランス人とのあいだで戦いがありましたね。アイルランドでは、彼らは自治権を得るのに手間取っていました」。仕上げ工の男は自分の見解を思い出してこう述べた。「いいえ。［彼はジャンヌ・ダルクを引き合いに出している。］エゴイストです。ありゃヨーロッパ人ではないですよ。彼らは孤立しており、ドイツ人たちのように、みんなよりも優れていると思っています」。

こうした意見に導かれて、高慢さ、傲慢さ、優越感に言及する八つの回答のうち二つを引用してみよう。入市税関職員はわたしにこう回答している。「イギリス人ですか、占領下［一四年から一八年以降］に何人か会いましたよ。関係はあまり良くなかったですね。カフェで何度か喧嘩がありました。われわれを戦争に導きながら、自分は安全なところにいる小賢しい輩。自分がわれわれよりも優れていると思っていて、傲慢。やつらは、われわれがさえない連中だということを見せつけてきてたんですよ」。そしてパリ-オルレアン鉄道の車掌である。「同盟国同士でしたが、良き友人ではありませんでした。一四年から一八年のあいだにソンム県で会いました。彼らは自信満々でした。一方、わたしらは田舎者で、服もよくなかった。彼らはパレードの時のようないでたちの兵士たちで、金を持っており、われわれを蔑んでいました」。

質問した有権者の二〇人は、イギリス人を裏切り者（五人）、信用できない策士（七人）、他人を戦争に追いやる者ども（三人）、自分のために他人を危険に晒す輩（五人）だと思っていた。

出張販売員の男はこう思い出す。「わたしはあまり信用することはなかったですね。イギリス人というのは手のひら返しばかりする移り気な連中で、政策も一貫したものではないです。ばかではないですが、前線ではわたしらは彼らを信用していなかったです」。そして農業経営をする地主である。「わたしが好きになることのなかった国民。特殊な人間たちだ。どこにも位置づけることはできません」。もうひとりの、農業経営とともに精肉商もしていた地主は、かつての自分の意見を説明した。「やつらを信用したことはなかったです。いつも他人に火中の栗を拾わせて、自分は現地に行かないつもりでいました。イギリス人を信用したことは一度もないですよ、だって、いつもわたくしどもを丸め込もうとしてたんだから。ドイツ人の方が信頼できたかもしれません。一四年の時に、戦地にいたのはフランス人とドイツ人だったのです。その他、つまりイギリス人、アメリカ人、イタリア人、ロシア人は、たいして何もできなかった。一方ドイツ人は戦地に赴くことを恐れなかった」。

一二人の有権者はイギリス人の裕福さ、ならびに彼らが金銭や商売を重要視するのを非難していたことを思い出してくれた。製紙業工員によれば「イギリス人といえばカネだ。自分は家にいながら他人を戦わせる」。そして同じ身分職業のもうひとりは彼らが嫌いであった、「なぜなら彼らが世界を独占しているからです、今日日のアメリカ人のようにね。ロンドン、シティは商売の要衝でした。今［一九六七年］彼らは変わっています。［一九四〇年に］すっかり分け前にあずかったからですよ」。

最後の八人の回答は長すぎて引用できないが、そのうち会計係の男のものは取り上げておこう。「わたしは心酔者ではありませんでした。三五年に、二股政策をしていると感じました。彼らにとってフランスは大変強すぎました。で、経済政策でヒトラーを助けたのです……」。

なんらかの態度を示した有権者の五三パーセントは、イギリスを信用していなかったと述べており、また、それとは反対の意見を持っていた者のうちでも二四名には躊躇があったことから、これらの回答は世論のなかに存在するイギリス嫌いを顕在化させるものである。

イギリスに対するこうした不信は、多様な社会職業カテゴリーの成員に概ね同じように共有されていた。農村部(4)や教育のある人々において若干その傾向が強いことがなんとか指摘できるくらいである。この時代、左派の新聞がイギリスとの友情を讃え、英国政治を支持する必要性を強調していたのだったが、労働者階級においてはイギリスびいきが強くなっていることは確

（4）ただし農業従事者ではそうではない。

認できない。労働者階級は他の問題に関しては左派のプロパガンダにより影響を受けているにもかかわらずである。熟年層に比べ若い世代では、イギリスへの不信感の広がりは明確に小さかった。全体では結果の分布が年齢による有意差を示すことはなかったが、今回に関しては、二つの世代間の意見の相違は明白であった。[5]

イギリスに好意的な回答を分析すると、感情に関わるものが重きをなしていないということに気がつく。イタリアに関して確認したことと異なって、イギリスを引き合いに出す時、有権者の精神は感情の起伏を示していない。[6]イギリスの政治体制の性質や内政については、ほとんど言及されていない。イギリスの民主主義がこの国を信頼する理由になり得たとも考えられる以上、このような欠落は驚くべきものである。これに対して、歴史への言及は、遠い歴史に対するものであっても、きわめて大きな位置を占めている。これに関しては小学校教育の直接的な影響を認めることができる。

第一次世界大戦の記憶は何度も引き合いに出されていた。団結して戦ったという事実が敵愾心を大きく和らげるということはなかったようである。むしろ時にそれは、敵意を悪化させることもあった。小学校で得た知識を踏まえながら、同盟は一時的なものであり、状況に強いられたものとして認識されていた。最後に、陳述された理由のなかに国民性に関わるステレオタイプを確認できた。それはかなり複雑なものであった。回答のなかには、イギリス人に担がれたという思いのみならず、イギリス人は友情を抱くことができない人々であり、軍事的な勇敢さを欠いており、金銭欲に支配されているという、道徳的な判断に基づいた優越感をも認められる。

(5) 反対に、ラテン文化圏としてイタリアに対する同胞愛を讃えるという誤った道に進んでいた右派新聞は、エチオピア紛争でのイギリス嫌いを利用して感情を煽ったようである。
(6) イタリア人に対する好意的な回答についてである。

第10章　ロシア人、一九一七年の裏切り

一九三四年から一九三六年の時期には、ふたつの背反する要素がソ連のイメージにのしかかっていたと考えられる。一方で、スターリンが行なっていた厳格な粛清のイメージがあり、もう一方で、一九三五年にピエール・ラヴァル政権が仏ソ相互援助条約に調印したことがあった。また、多くの極左の重要人物ならびに著名な作家にとってソ連への旅行は魅力的なものとなっていた。リムーザン地方では共産党がひろく根づいていたが、党が自由にできるものとして新聞『レコ・デュ・サントル』紙と強力な労働者の組合CGTU〔統一労働総同盟〕を持っていた。

――あなたはソ連に対して当時どのような印象を持っていましたか。その理由はなんですか。

＊　＊　＊

自分の考えを覚えており、なんらかの意見を持っていた人の六三パーセントはソ連に対して悪い印象を、二九パーセントが良い印象、七パーセントが両義的な印象を抱いていた。三九人の有権者はソ連に対して好意的であったと述べた。彼らは自分の態度を説明する三七の理由を陳述した。彼らのうち一七名は政治的な理由を挙げた。

フランスが一七八九年に行なったように、当時ロシア人たちは自分たちの革命を実行したばかりであった〔一九一七年のロシア革命のこと。皇帝ツァーリによる専制君主体制が打倒され、レーニン率いる左派ボリシェヴィキ政権が成立した〕。それゆえに有権者たちは、ボリシェヴィキによる革命が行なわれたという事実のみによって好意的になりえたのだった。有権者のうち一〇名は当時、ロシア人たちが共産主義の方針を採択することによって、独自の道を切り開いたと考えていた。「革命以来、明確で真っ直ぐな道を進んできた国です。他と対立する独自路線であったわけですが、わたしはナイフを咥えた男のイメージを使ったあのプロパガンダ〔ソ連共産主義の危険性、攻撃性を批判するプロパガンダとして、ナイフを咥えた男のイラストが用いられていた〕を決して信じていませんでした」。これは左官の意見であった。木靴職人はわたしにこう答えた。「わたしは社会主義を建設している途上にあったあの新しい国を好意的に見ていました。ですが、かの国にはまだ時間が、多くの時間と努力が必要だと感じていました」。

かつての有権者の他の一〇名の好意的な印象は、ロシアの国民性を働き者で若く平和的な民族と捉える考え方に結びついていた。たとえば、ある農業経営をする地主の男はこのように宣言する。「以前ツァーリがいた頃は、帝国主義的な権力の国でした。その後は、働く民族に、大いに働く民族になりました」。そして農家の男はこう述べる。「より良くするために働く民族です。ツァーリの時代よりも良くなっていましたし、良い方向に進んでいると思っていました。スターリンにナイフを咥えさせた絵がありましたが、そのようなプロパガンダは信じませんでした」。教師の男は次の通り。「何か大きなことを成し遂げるのではないかと思われていましたよ、というのもロシア民族は従順で働き者ですからね。わたしたちは三七年の万博でソ連のパビリオンに感銘を受けました」。鋳型鋳造工の男はわたしにこう答える。「同僚たちが、立派な国だ、自分で立て直したし、肝っ玉が座っていると言っていたんで、わたしも良いふうに見ていましたね」。「わたしはいつもこう言っていたんです。ソ連といえば、これから始まっていく偉大な民族だ。いまから三〇年か五〇年後には、世界第一の民族になるだろうと」、パリ＝オルレアン鉄道の検査官はこのように述懐している。「わたしの見方では、他のどの国よりもよかったですね。彼らは評価できます。彼らは国交を結ぼうとしていましたが、われわれの方がそれを歓迎しなかった。政党が邪魔をしていたんですよ。ラヴァルとその取り巻きのことですがね」。明晰な説明とはいえないが、これは建物の塗装工の意見である。

インタビューを行なった七人は、戦争の記憶あるいは軍事的な優秀さについての判断から好意的な印象を持っていたと説明した。ひとりの耕作地主はこう述べた。「わたしは彼らを信用していましたよ。一七年に、フランスはロシア人師団を持っていました。彼らは立派なものでした。ラ・クルチーヌで反乱を起こしましたがね〔第一次大戦時、対ドイツ戦力としてフランスはソ連からロシア人師団を得ていた。しかしその一部が一九一七年六月にクルーズ県のコミューン、ラ・クルチーヌの基地で暴動を起こした〕」。郵便・電話局の臨時職員もこのような意見を持っていた。「ソ連については聞いたことがありませんが、わたしが言えることは、ロシア人というのはれっきとした軍人だということです」。

そのほか多様な説明がなされた。「ソ連といえば、わたしはいつも評価していましたね。わたしは立派な擁護者だった。とても良いふうに見ていましたよ。スターリンは、わたしは独裁者とは呼びませんね。というのも、彼は民衆出身なんですよ」と靴修理工は断言している。彼の同業者は次の通り。「大事なのは、ソ連が手本になったたってことです。あのあとには、これまで通りに国を治めることなんてもうできなくなってしまった」。

反対に、八五人の有権者が否定的な印象を思い出している。一二二の異なる理由が述べられた。五九は政治の領域に関わっていた。二二人の有権者は、独裁と、自由の不在を理由にソ連を非難していたことを思い出している。[1]「わたしは賛成できませんでした。独裁だったからです。わたしは平和主義者で、絶対的自由主義者なのです……あれは血で血を洗う鉄の男たちですよ」と靴の裁断師の男は思い起こす。「イタリア、ドイツのような独裁です。ムジクたち〔ロシア帝政時代の農民〕を手荒く引き回していました。そして、一七年に煮湯を飲まされたことはけっして忘れないでしょう」。こちらは出張販売員の回答の例である。

わたしの面談者の一七人に基づけば、否定的な意見は、犯罪、暴力、無秩序、歯にナイフを咥えた男のイメージに結びついていた。「わたしはソ連の暴力行為を非難していました。政府のシステム、彼らの犯罪については理解できなかったです」と錠前屋はわたしに言っている。より能弁な教師の男はこう明言した。「わたしにとってまったく耐え難い体制でした。擾乱、犯罪の体制、抑制の効かない労働者たちの体制が成立し、長続きしたことに驚きました。二、三年続く程度のものだろうと思っていたのです……。そうでしょう。だってどうして血と、無学な階級のムジクを拠り所とする体制が長続きし、一帝国を治めることができるというのですか。あとでスターリンが現れたわけですが、そうなるとわたしはまだ理解できました。体制を保守するために処刑を行なったからです。わたしはそれを嫌悪していましたがね」。「わたしがソ連に抱いていたのは、一種の恐怖感、嫌悪感でした」と陶磁器販売員は思い出す。「何をするつもりなんだ、とみんな言っていました。ぼさぼさ頭の、ナイフを歯で咥えた男そのものですよ」。

スターリンの人物像は五回、レーニンは三回非難されていた。田舎司祭は「どうしてあのようなことになったのか、大きな驚きでした」と述べた。「というのもわたしにとって、レーニンは国際大資本主義に仕えるユダヤ人だったのです。あれは大資本主義がなしたものだとわたしは思い込んでいたのです」。パリ-オルレアン鉄道の機械工はかつての自分の意見をこう明かしてくれた。「一七年には、レーニンの新体制から蜜を吸おうとする連中で溢れていました。革命のなかで祝杯をあげるのはきまって同じ人たちです。その後はどうか。判断するにはそこにおらなきゃならなかったわけですが、わたしに関しては、自由が好きすぎるもんでね」。

（1）全体的に回答は簡潔で断定的なものであった。

ソ連およびその体制は恐怖感を与えていたと、インタビューをした四人が説明してくれた。

「ソ連について話せばみんな怖がっていました。それもかなり。当時指揮していたのは完全に過激主義の政党でした。息苦しさを感じていましたよ」。これは父の店で働いていたパン屋の男の所感である。菓子職人は次のように説明する。「一九一七年の革命はぞっとさせるものでした。わたしはオデッサで戦いました。マルティー〔アンドレ・マルティー、フランスの共産主義政治家、一八八六―一九五六〕とその取り巻きたちは、フランス人だと思われていませんでした。わたしがいた頃には不幸な民族でした。支配者たちの前でひざまずき、パン、とうもろこしとネギを食べていたんです」。

その他、体制に関わる雑多な意見があった。八人の有権者にとって共産主義への敵意は彼らの否定的な印象を説明するのに十分であった。また、他の二人は、閉鎖的な国であるということから否定的に考えていた。他の者では、単に「革命的」であることが問題であった。

一九一四年から一九一八年の戦争についての印象はやはり重きをなしており、ソ連に対して否定的な有権者の三四名において支配的だった。彼らのうち一六人は一九一七年にロシアが連合国を見捨てたことを非難していた。たとえばある工場経営者はこう述べた。「以降はまったく信用できませんでしたね。やつらは一七年にわれわれを捨ててしまったんですよ。ロシアの

『スチーム・ローラー』は頼りにしていたんですがね。レーニンは革命をやっちまいました。勝手なことですよ」。都市交通の車掌もこのような意見を持っていた。「一七年の擾乱とレーニン以降、やつらはわれわれをお払い箱にして、ドイツ人と仲良くなったのです」。パリ＝オルレアン鉄道の運転士も同様である。「一七年に彼らはわたしたちを捨てました。これでわたしは悪い印象を持ちました……。こんなふうに打ち捨てるなんて！ 民衆がしたことじゃないってのはわかってましたよ。でも納得できなかったですね。シャンパーニュで見たのですが、幸せな人々ではなかったです。われわれより恵まれているということはほとんどなかったですね」。「一七年の時、初めは好きになれませんでしたね」とトタン職人は述べ、次のように続けた。「ぼろ切れのようにわれわれを捨てちまった輩ですよ。革命のためでした。これは事実です……。そしてそのあとでは、対立、けんか、暴動がありました。共産主義者は強硬で、とくに社会主義者に対して手厳しかったです」。「悪い、かなり悪い印象だね。一七年にわれわれを打ち捨てたんだし、共産主義は好みませんね。ゲス野郎ですよ。白系ロシア人〔ロシア革命に反対し、国を去ったロシア人〕を虐殺しやがった」とある工場経営者は断言する。ある農業経営をする地主の男は「ボリシェヴィキのクーデター、レーニンのクーデター」のことを挙げ、「奴らは堪えきれなかったんだ。あれはわれわれに悪い印象を与えましたよ。やつらは「怖かったんだ」

……とわれわれは言っていました」と述べた。「一七年のやつらはいくじなしでした。そのあとでは、もちろんロシア人のことには関心がなくなりましたよ」と農家の男は断固として主張している。

「コサック兵と呼んでおりました」

わたしの面談者の六名にとっては、ロシア人たちの戦闘での振る舞いは良いものではなかった。ある運転士はこのように伝えている。「はじめの時には［一九一四年頃］、ロシア人は良い印象でした。武装していなかったのに勇敢だったのです。ですが潰走のあとに、(2)彼らは暴動を起こしたんです。わたくしどもは好きではありませんでしたね。だって、中近東で馬を殺し、車をぶっ壊してたんです。なんとか囲い込んで追い返したのです」。郵便配達員は所感を次のように詳述した。「ロシア人といえば、アルコール燃料をこんなふうに［しぐさで］飲むんですよ。一七年以降、彼らはわれわれにこう言っていたものです。もう戦争状態ではないから、一キロ先に爆弾が落ちれば、すぐさま逃げ出すとね。わたくしどもは彼らに会いたくないと思っていました。ロシア人というのは話題にする価値もない者たちですよ」。馬具屋はこう説明する。

「ロシア人は、のらくらのゲス野郎ですね。最初の爆弾で銃後へ逃げ出す。あんなに強そうな奴らなのに！　われわれはやつらをみんなブルトンヌ収容所[3]へ送らなくちゃならなかったのです」。「ロシア人ですか、わたしたちはあまり好んでいませんでしたね」と製紙業者の男は思い出す。「乱暴者で、野蛮でした。一四年にフランスに来た者がありましたが、退役軍人たちによれば、何にも使えない輩だったそうです」。

八つの回答はロシア人の軍事的な非力さを挙げた。暖炉職人によれば「ルール［?］の時のことを思い出すんですが、軍事的にはロシア人たちはものの数にならなかった。わたしたちだけで話す時のことですが、粗野で血みどろな野蛮人だと見ていましたよ」とのこと。銀行員はもう少し節度ある言い方をした。「わたしたちは一四年から一八年の戦争の時に彼らを見ていたがために、三四年頃には彼らが有していた強さを認識できませんでした。後になって驚いたのです。第一次大戦直後の頃の彼らと同じようなものとまだ思っていたのです」。

（2）一九一七年の出来事が、ロシア人の潰走の結果とみなされていることに注意されたい。
（3）この面談者は疑いなく、一九一六年以降怪我や精神的ショックを受けたロシア兵をブルターニュへ移送していたことについて述べている。

リムーザン地方ラ・クルチーヌにあった基地に配属されていたロシア人たちは反乱を起こした。この記憶がインタビューをした四人の否定的な意見の原因となっている。「ロシア人にはわたしは良い印象を持っていませんでした。われわれは一七年に反乱を起した彼らを見たんです。ラ・クルチーヌで銃殺された者もおりました。コサック兵と呼んでおりました。あまり文明化されていない輩でした」。これはガス工場の日雇い労働者の意見である。

二一の有権者が敵対的な意見を持っていたのは、ロシア人民の気質や生活環境についての全般的な否定的印象があったからだった（こうした印象は戦争の記憶に結びついていることが多かった）。彼らのうち一二人はロシア人を粗暴な者、野蛮人、後進の者たち、ほとんど文明化されていない鈍い人々だと捉えていた。「ロシア人というのは、哀れな連中です。気力というものがないのらくら者。他人が自分の顔を洗うように言わなければならないのです。三四年から三六年には、腹が減って死にそうだったので、ゴミ箱を漁って食べ物を探していましたよ」。これは警察署職員の意見である。理髪師はこう説明している。「シャンパーニュのロシア人たちのことを覚えています。ガスマスクを使ってワインを飲んでいましたね、なのでガスが来た時には……」。

九人の面談者は不幸で惨めな人間だということを挙げた。

たとえば機械工の男はこう述べる。「ロシアについて話題になることは明らかにもっと少なかったです。新聞でさえそうでした。あれはロシアに対するダンピング［ママ］だったのです。ロシアについてはどんな考えもなかったですよ。ムジクについては、ツァーリの支配下にあって不幸だということはわたしたちは知っていました。ある記事で、袋詰めのジャガイモを芸術家の給料にしており、偉大なテノール歌手［ママ］のシャリアピン〔フョードル・シャリアピン、ロシアのバス歌手、一八七三―一九三八〕にも食料で支払っていた、と書かれていたのを覚えています」。

白系ロシア人の移民についての話に言及したものは四つあった。たとえば、金物商は否定的な意見を持っていたが、それは「わたしがモロッコで聞いたロシア人の白系外人部隊の兵士のせい……」だった。

以上列挙してきた動機のほかに、かなり多くの回答がソビエト体制の実現とその堅固さに対する驚きを表していた。「もちろんわたしは体制の支持者ではありません」と織物商の男は請け合った。「しかし彼らがたどり着いた結果に対しては驚きでいっぱいでした。あれは思いもよらないことだったのです。というのも、大戦の時、中近東で彼らを見たのですが、賊の連中で、関心を引くような者ではないとみなしていたからです。このような結果に到達するには、優秀な人たちにきっちりと導かれていなければなりません」。ある教師は次のように思い出す。「時間が経ちました。この体制は長持ちしないと言われていたのですが、予想は当たらなかったのです。不可能が目の前で実現されていきました」。

最後に、曖昧な回答の例を挙げて終わろう。新聞記者はこの点、大変弁が立った。「わたしは一九年、二〇年にソ連から強い印象を受けました。その時のフランスとイギリスの態度には賛同できませんでしたね。フランスのブルジョワは、もう自分たちは自分たちの革命をやったんだからどうでも良い、彼らの革命は嘆かわしいものだ、ごろつきたちだ、と狭量にも考えていました。そのため、その反動として、わたしはソ連に好意的だったのです。三四年に、ソ連は、そこまで生き延びたことで威信をえたのです。長続きしないと散々言われていたのでね！でも、わたしはスターリン主義の全体主義的な面には憤りました。革命は最初のうちはよく理解できたのです。人民はツァーリの統治のもとで不幸だったのですから。しかし、その勢いはあまりに暴力的すぎました。北の国々ではあまり議論せず、行動を多くするものですからね。わたしは粛清、暗殺を非難しました。以降は信用することはなかったです」。「あまり情報がありませんでした」と靴修理工は打ち明けている。「賛成か反対かをいうのは無理ですね。ボビニーの学校でかの地から戻ってきた人の講演が多々あったのですが、やや内々のものでしたので、完全には信じられないものだったんですよ」。

質問にまともに答えられなかった有権者の数は多い。農業従事者において、意見の欠如は誠実であろうとする純粋な配慮を理由とするものであることが多かった。つまり、ロシアは農村地域では語られることの少ない遠い国だったのである。(4) 意見の不在は、勤め人や商人ではそのまま受け取れるものではないことがより多かった。こちらでは確かに自分の所感を述べることへの恐怖感が大きく作用しているのである。(5)

ソ連は、調査対象であった他の外国と同様に、世論の否定的偏見の犠牲になっているように思われる。しかし、イギリスに関して確認されたこととは反対に、その印象は社会職業カテゴリーによってきわめて強く異なっていた。労働者と農業従事者の意見は、ソ連に対して他の集団よりもはるかに好意的であった。オート゠ヴィエンヌ県では共産主義が農村地域のなかに定着していたこと、また、調査範囲の地域の選定においてこのことが考慮されていたことを思い

(4) 地方新聞ではロシアの出来事にはわずかな紙面しか割かれていない。
(5) そして、こうしたためらいはこの集団の精神性を明らかにするものである。

起こさねばならない。加えて、若い世代の人々は熟年層よりもロシアを好意的に見ていることも指摘できる。

われわれがここまでで確認してきたことと異なって、政治社会体制が調査対象の人々の見解に決定的な影響を与えており、これは肯定否定双方の回答においてそうであった。戦争の記憶と国民性についての見解がやはり大きな位置を占めていたが、とはいえ、それらは副次的なものに落ちていた。歴史は、戦争および同時代の出来事への言及を除けば、いかなる役割も演じていなかった。一八一二年〔ナポレオンのロシア遠征失敗〕や一八一四年〔パリ条約〕、クリミア戦争やその他の過去の紛争はまったく意見に影響を与えていなかったのである。

体制に対して敵対的な有権者が持ち出したいくつかの議論は、歯にナイフを咥えた男のイメージ、暴力性、恐怖感のように、昔ながらのものであった。一方で、共産主義の新聞が「ソビエトの楽園」として描いたようなものが言及されることはなかった、という指摘ができる。調査のもっとも興味深く、またそれなりに意外であった成果のひとつは、一九一七年のロシアの同盟離脱が重要なものであったということである。この出来事は、当時起こっていた変化の重要性に気づくことを阻害するほど、特定の人々の精神を支配していたようである。ロシア革命は第一世界大戦の軍事的な出来事に照らして判断されることが多かった。このことはソ連が、

左派地域の有権者によって相対的に否定的な評判を抱かれていた理由を説明する。(6)

(6) リムーザン地方ラ・クルチーヌ基地での暴動も考慮に入れる必要がある。以下を参照。Pierre Poitevin, *La Mutinerie de La Courtine. Les régiments russes révoltés en 1917 au centre de la France*, Paris, Payot, 1938.

第11章 人民戦線、強い記憶

一九三四年から急進社会党員、社会主義者、共産主義者たちが接近し、人民連合が形成され、人民戦線政権の樹立に通じていく。その明示された目的は、ファシズムと闘うこと、また、生活条件を向上することであった。この各派の連携はフランス左派の記憶の場となり、少なからぬ右派の者たちから公然と非難され続けることとなった。さて、第二共和政のころから左派地域となっているリムーザン地方のフランス人たちは何を記憶に留めているだろうか。

――われわれはこの時代の有権者たちに次のような質問を投げかけた。**あなたは人民戦線を覚えていますか。もし覚えているなら、それはあなたにとってどのようなものでしたか。**

＊　＊　＊

このような曖昧な表現が最終的に選ばれたのは、人民戦線が今日（一九六七年）でもなお、面談者を不安にさせることの多い主題であったからである。そのため、彼らの政治的意見を知るためには、間接的な方法で満足しなければならなかったのである[1]。さらに、自由に答えられるこの質問は、人民戦線について一人ひとりの見方を思うままに示してもらえるという利点がある。インタビューを行なった者のうち、八四パーセントの有権者は人民戦線を覚えており、この団体に対する意見を示してくれた。このうち六〇パーセントが好意的、二四パーセントが否定的であったことを思い出した。

好意的回答の例をいくつか挙げよう。何名かは、連合の政治的インパクトを強調した。たとえば、靴修理工はそこに「共和主義体制の強化」を見ていた。「つまり、すべてがファシズムの脅威に対抗するべく結集したのです」。「火の十字団は労働者政府の成立とともに追放される

（1）モーリス・デュヴェルジェが以下の書物でデリケートな主題について述べていることを参照。*Méthodes de la science politique*, Paris, PUF, 1959.

ことになる。うまく行くだろう、と思っておりました」、ある耕作地主はこのように考えていた。他の者は左派の新しい連合の持つ社会的側面を強調する。「それは資本に対する労働者の反抗ということです」とパリ-オルレアン鉄道の仕上げ工の男はまとめる。靴の裁断師の男によれば、人民戦線というのは、「個々人の生活条件を向上し、社会を社会主義的なものへと変貌させようとする労働運動の願望の帰結」であった。「あれは労働者の政党で、わたしは賛成でしたね」と石切り工は思い出している。「わたしはいつも、二つの政党しかいらないと思っていました。労働党とその他です」。農業経営も行なう耕作地主は、より正確にこう答えている。「……土地の分割があるだろうと言う者がおりました。金を持っている連中は怖がっていましたが、わたしにはどうでも良かったんです。わたしは『いくらかもらえるだろう!……』って言ってましたよ。年配者たちはとくに怖がってましたが、若者は真剣に捉えてはいませんでした」。

「並外れた情熱。歓喜でした」

何人かの面談者は熱狂していたことを記憶していた。靴修理工の意見を聞こう。「並外れた情熱。歓喜でした。民衆は自由になったと感じていました。ひとつの解放でした。ドイツ占領軍からの国土解放あるいは、一八年の戦勝のようなものでした」。パリ－オルレアン鉄道の検査官の意見は次のようなものだった。「あれには大変満足していましたよ。わたしたちにとって良い生活、自由を意味するものでした。民衆の前進、それにレオン・ブルムが思い起こされます」。「現役の労働者は、「これ以降」今までとは違う未来を持ったのでした。より豊かな日々が目の前にひらけたのでした。北から南まで、人々が充実した生活を送ることができるようになる」と郵便配達員はこう考えていた。「左への急転換でした。労働者にとっては大いなる希望でした。しかし、政治家たちが希望を打ちこわしました。労働者階級の大きな不幸は、政治家です」と仕上げ工の男は残念に思っている。会計係の男はさらに強く賛美する。「実際に働いている労働者階級にとって素晴らしい何かでした。階級が望みうる最高のものでした。自分自身と自分の自由を守れるように大衆が結束したのです。わたしが守ろうとしていたのは自分の生活状況だったのです。三二年から三四年に逆戻りしたくはありませんでした。ルイ十五世が大革命を引き起こしてしまったように、一九二五年から一九三六年までの政治が否応なしに三六年のことにいたらしめたのです。わたしは働くことを望んでいたし、こんなわたしが人に敬意を払われるようになればと思っていたのでした」。「あれはわれわれに未来を与えました。より遠くを見ることを可能にしたのです」、これはパリ－オルレアン鉄道の作業員の意見であった。

「下劣な何か、普通じゃない連合です」

人民戦線によって惹起された否定的な印象の記憶を挙げた回答のなかでは、当然のことながら、この連合の政治的な性質が引き合いに出された。ある新聞記者はわたしにこう述べている。「人民戦線は選挙に関わる面がダメでした。不信につながりましたよ。またもちろん、さまざまな問題に対する無知も忘れてはなりません。経験の欠如が人民戦線の特徴でした」。「民衆扇動でした……」とパリ－オルレアン鉄道の作業員は主張している。「あれはわれわれを窮地に追い込んだのです。あらゆる政党がいたので、それぞれが果実を得ようと狙っていたのです」。「わたしは決して信用しませんでした。たいして堅固ではない連合で、理解し合うことができなかったのです」と、仕立て職人は考える。理髪師によると、「お互いが理解し合うことのない連合」だった。「なぜなら、社会主義と共産主義という対立する二つの団体からできていたからです」。「カオス、ある種の管理の欠如でした」、これは織物商の意見だった。卸売と農業経営を同時に行なう自作農はより長く回答している。「下劣な何か、普通じゃない連合です。

右派を打倒するために結託したのです。長持ちするとは全然思いませんでした。『人民戦線ができたぞ、経営者は失墜だ！』とわたしに言う人がいましたが、わたしは『そのあとはどうなるんだ』と、言い返しました。経営者がいなくなった時、労働者は何をすると言うのですか。羊飼いがいなくなれば、羊たちは——人間は羊みたいなものですから——何をするか。彷徨うのです！」。

人民戦線に否定的であった有権者は、社会的な面についても引き合いに出した。工場経営者の男によれば、それは「政府転覆を狙う運動であり、資本の廃止、全面的な国有化といったあらゆる結果をもたらす革命的傾向」だった。「自分は誰のために働くのかと考え出し、仕事をきちんとやり遂げることがまったくなくなってしまう」。もうひとりの工場経営者はそれを「民間産業の終わりだ」と捉えていた。「小規模、中規模の事業がダメになるとわれわれは理解しました。巨大企業に統合され、小規模事業では、社会保険費、病気の治療手当などの支払いができなくなるだろうと考えていました」。「そうなるだろうと思っていたようなことに実際なりましたよ。つまりヒトラーと四年間の占領です。わたしは長くは続かないと思っていました。そして、農具を放り出して、お上に俺は出て行く、と言った労働者を見た時、わたしはどこに行くんだと思ったものです」、これは農家の男の意見だった。「最後には革命になると思っておりました。一方田舎では、すべてを壊すことは望まれないのです」と金物屋は考えていた。菓子職人の所感はこれに似ていた。「労働組合は火の十字団のようにすべてに火を放ち血の海にするのです。田舎では彼らは激しすぎる連中だと思われていました」。農業経営をする地主の男は単に、「扮装したブルジョワたちだ」とわたしに断言した。

興味深いことに、経済的な側面はほとんど言及されなかった。わたしに次のように述べた、小作農を使って農業経営をする地主は例外的であった。「わたしは奴らが全部食いつくすことになると思いました。そして、実際、奴らがしたのはその通りのことだったのです。フランスは豊かで、ポアンカレが財を満たしていたのです。しかし奴らはそれを空にすることになった。フランスではいつもこうです」。

もっとも能弁であることが多かった有権者の何名かが、時にまとまりのない多様な動機を挙げた。地主の話を聞こう。「不快なものでした。政権のトップにいるユダヤ人、ブルムをご覧なさい。デュラン、デュポン、あるいはデュボワ〔といったフランス人の名前〕だったらよかったのに。でも実際はユダヤ人なのです！　とはいえ、わたしは彼らを称賛しています。もしもわたしがユダヤ人だったなら誇らしかったでしょう。しかしわたしは人種差別主義者です。ユダヤ人がわたしの大切にしているものをことごとく破壊しようとするからです。わたしは共産主義者を恐れていましたが、社会主義者どもはえせですから、恐れるにも値しませんでした。この話を友人のひとりにしていましたよ。これに彼は、ブルムはユダヤ人だが、自分は財産があるので彼であれば安心だと答えたものでした」。

人民戦線の記憶をとどめている有権者の割合はとても高いものだった。これは、政治の領域において、リムーザン地方の有権者が持つ情報の水準がきわめて高いことをあらためて証明するものである。なんの記憶もないと述べたのは数名の農業従事者と工員、職人のみだった。質問の形を控えめなものにしたことで、意見がない者、答えることを拒絶する者の数が少なかったのだと考えられる。七〇パーセントの有権者が自身の思いを説明し、直接的、間接的を問わず、彼らが国民戦線に対して肯定的であったことを理解させてくれた。一九三六年四月の投票で有権者たちがこの主題に関してすでに意思表示をしていたので(2)、この結果全体が示していることはきわめて価値が高いというわけではない。ただし、これは選択されたサンプルの価値を

(2) ただし、彼らが候補者の人格によって、自分の政治信条に反する投票に向かう場合を除いてである。

検証することを可能にした。実際、好意的な人の割合は、人民戦線の候補者に投票した有権者の割合にほぼ一致しているのである。(3)

工員ではほとんど全員が、雇われ人や職人では大多数が肯定的だった。農夫においては、ためらう意見がより多かった。そして最後に、商売人、およびわれわれがもっとも裕福な人々のグループにカテゴライズした者たちでは、敵意が勝っていた。全体としてこれはほとんど驚くべき結果ではないが、概して曖昧であった知識を確かめ、正確なものにさえした。

回答を分析すれば、人民戦線に熱狂した記憶を持っており、かつわれわれにそれを述べたのは、一〇パーセントの人々だけであったということがわかる。肯定的であったと主張した者は人民戦線の社会的な側面にもっとも敏感であり、大多数の有権者は、さまざまな問題を社会の二分化という単純な見方で捉えていることが確認された。すなわち、一方は労働者の「貧しい者たち」、他方は「金持ち」、一方が労働者政党によって代表され、他方がブルジョワ政党によって代表される。(4) 大規模な革命への期待を口にする者はきわめて少なかった。人民戦線の敵対者の側では、運動の政治的側面がしばしば強調されており、彼らの回答には、右派ジャーナリズムによって行なわれた攻撃の反映を認めることができる。ただし、人民戦線と戦争の脅威を結びつける考えは、定期刊行物の研究を行なったとしたらそう示唆されるであろうほどには頻繁なものではなかった。人民戦線に否定的な有権者のなかで、その登場が本当の革命を引き起こすと思った者は多くなかった。これは少なからぬ驚きを与えるものである。

(3) 第一回投票においては、この県では棄権者の割合は一四・八パーセントだったが、国民戦線の敵対者は二八パーセントしか票を集められなかった(選挙人名簿登録者比)。

(4) これらの語は右派・左派の語よりもずっと頻繁に用いられる。労働者政党統一へのノスタルジーが感じられることもあった。

第12章　ブルム、情動の創造者

一九三四年から一九三六年までのこの時期には、レオン・ブルムは人民戦線を生み出す主な原因となった社会主義政党ＳＦＩＯ〔社会党〕の党首だった。高級官僚であったこの人物は、青年期にはドレフュスへの賛意を表明していた。トゥール党大会（一九二〇年）の時には穏健社会主義を守り、この信条を奉じる新聞『ル・ポピュレール』紙を率いた。彼は最終的に、左派の合流を主導し、一九三六年の選挙における成功ののち、政府を指揮することとなる。

――一九三六年に投票した有権者は彼についてどのような記憶を残しているだろうか。

インタビューを行なった九七パーセントの有権者はレオン・ブルムについて当時考えていたことを覚えていた。彼らのうち、七一パーセントが肯定的、一六パーセントが否定的な意見であった。他の者は中立的だった。わたしの感覚ではこの結果は本調査のなかでもっとも興味深いもののひとつであった。

＊　＊　＊

レオン・ブルムへの好意的な意見を説明する動機のうちでは、彼の思想やその社会政治事業に関するものが顕著であった。「ブルムは、解放者、救世主でした。彼は庶民的です。金持ちだとはいえ、彼は労働者階級を擁護していました」と思い出すのは、パリ－オルレアン鉄道の機械工である。靴の裁断師の男はわたしにこう主張した。「作業員のあいだでは崇拝され、賛美されてました。われわれはそんなに要求が多いわけではないのですよ。われわれ労働者たちは」。仕立て職人はより情熱的であった。「彼は前進的で、人類の進歩と生活の充足のための政党を率いていました。すべてを行なうことができたし、とても頭が良かったです」。「あれは男だった」と農業経営も行なう自作農は大きな声で叫んだ（その場に同席していた妻が、そうなんです、旦那はよく言ってます、と意見を述べた）。「労働者にとって良かった。あれこれのことをうまく調整するブトゥールのような調停者でした（一七六頁を参照）。彼は良い記憶を残してくれています」。「友愛の人だ」、とある憲兵は結論づける。

「単なる騒ぎ屋じゃありませんでした」

ブルムの道徳的な質もまた、しばしば引き合いに出された。代訴人見習いは考えを正確に述べようと努めている。「彼はエネルギッシュで、意見には力強さがあったし、誠実で大変優秀、ユダヤ人にしては見事でした。ジョレス〔ジャン・ジョレス、戦前の社会党指導者、一八五九―一九一四〕はブルムよりも軽率でしたね」。靴修理工は次のように述べている。「わたしにとっては彼はすべてを具現していたのです。高い道徳を備えたフランスの知性で、頭がよく、自分の国を愛していました。ただの騒動好きではなく、傑出した人物です」。そして会計係の男は「彼には愛想の良い面がありました。彼からは率直さがうかがわれたものです。確かに右派は、ブルムはユダヤ人にすぎない、と繰り返していました。しかし、ブルムは資産も地位もあったのに、なぜ攻撃されるばかりの、ああした苦役に身を投じたというのでしょうか。それは誠実さを裏づけるものでした。彼は儲けたわけではありません。出てくる前からすでに裕福だったのです」と述べる。「彼についてはよく話題になっていました」と小作農は述べこう続ける。「労働者のことに取り組む人間、庶民的で、能力があった。ブルムは人間的でしたよ」。より中庸なある工場経営者は次のように明確に述べる。(1)「彼は彼に追随する連中に比べて過度に熱狂している感じはなかったですね。やや空想家なところがありましたが、辛辣でもなくて、なかなか人間的でした」。農家の男の話を聞こう。「率直で、まっすぐな人間でした。労働者に優しくしながらも彼らに規律を守らせることのできる人物だとわたしは考えていました。彼はブルジョワで、大富豪だったのに、二百家族〔莫大な財力を有し、政治を裏で操っていると考えられた二百の一族のこと〕にがなり立てて抗議していたのには納得がいきませんでしたが」。「良い男でしたよ。穏当な政治を進めていたので。単なる騒ぎ屋じゃありませんでした。良いやり方で人民戦線を率いていました」、これは農業経営も行なう自作農の意見である。もうひとりの同様の自作農（かつ人民戦線の敵対者）は次のように主張している。「その思想に反して、良いところのある男でした。他の者よりも実直でした。やっていたことと言っていたことのあいだの矛盾が少なかったです。わたしは、彼がユダヤ人であったり、金持ちであったりしたことを非

(1) この人物は、人民戦線に敵対的な感情を示していた者である。

難していませんでした」。

ブルムの知的な質も忘れられてはいなかった。フランス植民地部隊の退役者によれば、ブルムは「優れて知的な男でした。大変うまく考えを述べるのです。しかし、トレーズと比べると、民衆からはおそらくやや距離がありました。ブルムは、がみがみ言っていたトレーズとは違いました。ブルムが上級な人間として話すのに対して、トレーズは民衆のために話していました」。錠前屋は彼を「大変賢く、平和主義で優秀な男、知恵があって、ジョレスのようにあの時代のもっとも頭の良い人間のひとり」だと捉えていた。路面電車の車掌もまた、彼を次のように評価していた。「大変頭がよく、教育がある。彼のたくさんの仲間たちは彼の足もとにも及ばなかったです。エースです、ちょっとジョレスのような、偉大な演説家でした」。「わたしが大変尊敬していた男です」と新聞記者は回想する。「我が国のもっとも優れた文芸評論家のひとりでした。たとえば彼のスタンダール〔十九世紀フランスの小説家、一七八三―一八四二〕についての本のことが思い浮かびます。わたしの愛する人間主義、広く人に開かれた教養を示していました。わたしは唯一、彼が政治をやったことを残念に思っています」。教師の意見はかなりこれに近いものであった。「思慮深い男で、直情的ではない、政治哲学者で政権の政治家、メリットとデメリットを見分けるのに長けていました。いわばブリアン的でもありまた、ポアンカレ的で、完璧でした。知識人にありがちな欠点を持っていないかと懸念しておりましたが。空想的かどうかではなくて、力も存在感もないというのが問題なのです。ジョレスのような演説家ではなかったのでね」。

ある法学生はこう思い出す。『レコ・ド・パリ』紙は彼について大いに貶めることを言っていました。退廃的大ブルジョワ、金持ち、恵まれた境遇で、銀食器を持っていたとか。しかしわたしはそれに囚われずに『ル・ポピュレール』紙を読み、ブルムをその論理的な資質のために賞賛していました。わたしは一種の線の細いジョレスと捉えていました」。教員の意見はこれに大変近いものだった。「気品があり、政権の政治家としての品格を有していました。知性に恵まれ、聡明で、問題をその全体において把握することができました。わたしは彼をジョレスやエリオ〔エドゥアール・エリオ、急進社会党指導者、一八七二―一九五七〕に比べていました。が、彼らよりもなお明晰で、自分の考えをきちんとコントロールしており、わかりやすく、話している時に自分を制御できていました」。「リモージュでわたしは彼に魅了されてしまいました」とある農業経営も行なう自作農は思い出す。「何か素晴らしいものを持っていて、落ち着いていたし、それに明瞭でした！　大した人物ですよ！　わたしが見たなかでもっとも優れた雄弁家、超人でした。社会面において彼はしっかり考えを持っていました。彼は強く記憶に残っています」。

レオン・ブルムが悪い印象を与えた有権者は、さまざまな理由を挙げた。まず、政治家としての欠陥である。「大変賢く、大いに人を信用させる人物でした。しかしあれは公衆の人というわけではなかった。彼が所属している世界は知的にすぎるもので、民衆よりも上位にいる人でしたね。あまりにユダヤ人的、ブルジョワ的すぎるので、わたしは信用していませんでした」。これは、靴屋の意見である。消費組合の小売店経営者はこう思い出す。「彼の財産を非難していたわけではありません。ただ、資本家をのさばらせすぎていたんです。それに、ユダヤ人でしたから」。臨時司祭の目には、ブルムは「操り人形、ジョレスのように利得を考えて労働者にへつらうブルジョワです」。「あやつはちゃんと仕事をする以上に、大騒ぎだけすることの方が多かったですね」と農業経営を行なう自作農は結論づける。

道徳的な点についてブルムを批判する意見も多々あった。「彼はストライキを起こさせたのですが、自分自身は色々なところから金を得ており、貧乏人がかつがれたんです」と出張販売員は主張した。植字工はわたしにこう打ち明けている。「大変な知性でした。ですがわたしはその当時は激しく嫌悪していました。ペテン師ですよ。民衆にしゃべる点で［「民衆が問題になる時には」という意味］、彼が道徳的に廉直であるか疑いを持っていました」。

ユダヤ教は人がおそらく思うほどは引き合いに出されなかった。出張販売員によれば、ブルムは「左の人間だった。彼は人民戦線を作り、社会福祉法の大元になりました。賢い、そしてユダヤ人、わたしはフランスの政治がユダヤ人によって動かされている見て、不信感を抱いていました……。それにわたしは彼の本当の名前も思い出せません」。よりきっぱりと、農業経営を行なう自作農はこう主張する。「政権を手に入れる権利を持つべきではなかったユダヤ人で、その人民戦線はフランスの民衆を堕落させた感染症です」。

他に雑多な論点があった。「鋭い教養人、偉大な知性、若干ユートピア的でした。が、物事を実現していく場合に、そうした資質は必要ではないでしょう。わたしはさらに左のグループに彼が取り込まれないか心配でした」、これは図案士の意見であった。ワイン業者の男は敵意の理由を次のように要約する。「彼は労働者階級を守ろうとする一方で、大ブルジョワとして生活していた。金の食器で食べていたんです。彼はフランス人である前にユダヤ人でした。宗教と戦いながら自分の宗教を実践していました。彼の生活の仕方は労働者擁護と矛盾していました。彼は国際マフィアに所属していました。ロスチャイルドの利益を無視できなかった。ダメですよ、あれは民衆扇動でした」。そして、両義的な意見の例として、都市交通の運転士のものがある。「偉大な男です。ただ、やや思想が強すぎました。他の人と混ざり合えなかったですし、気持ちの良い歓待をする人物ではありませんでした。群衆を好まず、いつも皮肉な作り笑いを浮かべていました。そして金持ちでした。代わりになる人がいなかっただけです」。一九六七年、オート＝ヴィエンヌ県において、ほとんどすべての人がレオン・ブルムを記憶していた。悪く考えていた有権者は人民戦線に対して敵意を抱いていた人よりも少なかった。したがってレオン・ブルムはここでは触媒としての役割を果たしている。彼は人民戦線への加入を促進した。(2) 商人のみがＳＦＩＯのリーダーに対する敵意を示していた。

彼はとくにその知性と道徳性によって人を魅了している。彼は善意と善き思想を持っているとよく考えられているが、国の指導者として一目置かれるための性格を有していると認める人は稀であった。ある性質が何人かの人民戦線への敵対者を懐柔している。それは節度である。レオン・ブルムは「騒ぎ屋」ではなく「調停者」として理解されていた。興味深いことに、親しみやすくまた大衆に近しい存在とする人間的性質は認められていない一方で、彼の名前に言及することはとくに民衆階層において多くの情動を掻き立てるものであった。(3) 彼の無私無欲さ、献身的態度、さらには人が彼に見出した弱ささえもが、つまりある種のメシア的側面が感情を掻き立てるものとなっていたようである。自分の弁護が得意でなく、攻撃を受けてばかりだという認識をよく持たれていた。逆説的でなくもないが、彼の財産でさえ一定の労働者にとっては、彼が成功するための手立てになっている。この男はブルジョワジーを必要としていなかったのだ、あれは「友愛の人」だ、といった具合である。

ブルムの敵対者の側では、知性や道徳性よりも性格の質が槍玉にあげられている。他には、ユダヤ人やブルジョワであることが非難されている。要するに、驚くべきではないステレオタイプである。

（2）レオン・ブルムがのちに採った態度が一九三六年の有権者たちの何人かの見解を肯定的な方向に修正させた可能性がある。

（3）インタビューを行なった二人の陶磁器工はレオン・ブルムを思い起こした時、涙を押し留めることができなかった。

第13章　ブトゥール、リモージュの化身

レオン・ブトゥール〔フランスの左派政治家、一八七一―一九五六〕は数十年にわたるキャリアを通じ、特定の地域が自分のアイデンティティとなるにいたった政治家のひとりである。すなわち、ブトゥールといえばリモージュであり、リモージュといえばブトゥールなのである。市議会議員、市長、県議会議員、下院議員というように、彼は政界でキャリアを成し、その活動の息の長さで記録を保有している。一九三六年にはまだ、ペタン元帥への全権委任に賛成することになる人物とは違っていた。本章はある意味では彼の隠れた伝記、すなわち、彼の同時代人たちが彼に向けた視線の伝記である。わたしの面談者のうちのひとりが描いた彼の肖像は、彼に対する政治的感情をなによりもよく明らかにしている。すなわち彼にとってブトゥールと

は、正真正銘リムーザン地方の土地が生んだ人物であり、狡猾で、人との交際に慣れ、ばらまき政策を好む（彼はいわく「ちょっとした働き口……」を人々に与えていた）者であった。

――レオン・ブトゥールについてどう思いますか。またそれはなぜですか。

＊　＊　＊

質問への答えは住民投票のようだった。調査対象の有権者のうち八六パーセントはレオン・ブトゥールを好意的に考えており、八パーセントのみが否定的に捉えていた。リモージュの市長に対して中立的だったのは五パーセントだった。わたしはこの人物に関する質問を、話を切り出すのによく使った。というのもわたしは、彼らがこの話題になると際限なく話すということを知っていたからである。

「わたくしどもは彼の意見に同意しない時でも彼に投票していました」

レオン・ブトゥールに肯定的な有権者のうち何人かはその政治手腕（および行政手腕）を強

調した。たとえば、靴修理工はこのように語っている。「レオン・ブトゥール。おやっさんだ。彼はリモージュ市のためにたくさんのことをしてくれたんです。完全に労働者思いでした。たとえば、リモージュは一四年から一八年のあいだにフランスでもっとも被害の少なかった街のひとつでした。彼は具体的な援助をしてくれていて、地区のたくさんの人が世話になっていました。わたしは父が死んだ時、病院の請求書の支払いができなかったんで、彼に会いに行きました。というのもわたしはその時は失業してたんです。あの人はわたしにこう言いました。『わたしに手紙を書いて、下の投書箱に入れといてくれ。そしたらなんとかするよ』。で、その後は〔病院から〕もうなんにも言われなくなったんです。世話好きな人でした。道で恵まれない人が挨拶してきたら、ポケットからお札を出すのです。レオンを知らない人がいるでしょうか」。この言葉は、もうひとりの靴修理工の意見と合致する。「一九一四年に、彼は多くのことをしました。ここは被害を受けなかった唯一の街ですよ。フランスの市長たちのなかでもっとも偉大な人物です。休暇中の兵士に対して、彼は一〇スーのコインを渡していました。彼はそのあとで色々うるさくされましたが、実際の彼は清廉な人物でした。良い親父でした。多少気難しく、監督者として一流でした。帽子を振りながら挨拶してくる彼を覚えています」。靴の裁断師の意見も同じような内容である。「清廉です。監督者として彼以上の人はおりませんでした。

たとえば一四年から一八年のことです。礼儀正しい人で、街中でみんなにフェルトの帽子とステッキで挨拶していました。街を行く時はいつも徒歩でした。ひとりにひとつの庭を、といった社会政策を好んでいました。わたくしどもは彼の意見に同意しない時でも彼に投票していました」。

ひとりの教師のみが彼の知的美点を褒めそやした。「わたしはレオンをとてもよく知っていました。一緒にザリガニ釣りに行ったものです。共通の友人の家で出会いました。彼は真の美点をいくつも持っていました。聡明で、ミサ曲を二度聞かせる必要がないのです。一度で理解するのですから。また、温厚であり、誰も憎んでおらず、敵にさえも良いことをしていました。もちろんそれは策略あってのことですが、彼はそうするのにあえて努力する必要はなかったのです。そして、彼は真剣であり、すべてのことに通じていたし、活動的で、働き者でした。もっとも魅力的な人間です。もちろん国民的な人物というわけではありませんでしたが、独力で学んできた者です」。

彼の物腰は、他のすべてにまして賞賛されていた。パリ－オルレアン鉄道の検査官によれば、ブトゥールは「大変愛され、評価されていた」。「彼はゼロの状態のリモージュを最高点にまで導いていきました。最初はリモージュは貧しかったのです。わたしは彼と五〇回くらい話をしましたが、彼は率直で、明敏、そしてとても親切でした。彼は求めた情報をくれましたし、助けになるよう力を尽くしてくれました。それに、彼はいつも過半数を得ていました。親しみやすく、高慢ではない、話し方も良かったし、よく握手をしていました。彼は『庶民的』でした」。靴の裁断師の男によれば、「リモージュの王様」だった。「実際に会いに行くことができました。彼は土地やその他の多くのことを正してくれましたので、市はそれ以上何もできなくなったほどでした。労働者にとって良かったです」。出張販売員も絶賛している。「とても良い監督者でした。彼はわたしを親しく君と呼んでくれていましたし、わたしにいつもこう尋ねていました。『何か必要なものはないか、ちょっとした働き口は欲しくないか』。彼が××に来る時には、わたしの母に『お母さん……、さくらんぼをくださいな』と言っていたものです。彼はみんなに丁寧に挨拶していました。一四年から一八年のあいだ、彼はとても良かったです。抜け目がなく、表向きは社会主義者であったのに、友達を側に置いていまして、王党派と昼食を取ったりしていました。女性に手を出すことで非難もされましたが……。とても社交的で、率直、放漫なところはなく、握手をしてくれるのでした。レオンといえば、誰もが知っている人でした。もし彼があなたを知らなくても、彼は『我が有権者！』と思って、丁寧に挨拶をするでしょう。レオン・ブトゥールを知らない人がいるでしょうか、あの愛すべきレオンを」。「リムーザンの重要人物です……」と主張するのは会計係の男である。「申し分ない礼儀正しさを持つ、感じの良い人物でした。彼の書斎の扉は誰に対しても開かれていました。彼の仕事は街を満足させました。彼は、労働者階級だけをものにしたわけではなく、商人たちもみんな彼の味方でした。彼は真っ当でした。権力に酔うことは決してありませんでした……常に被治者みんなの手に届くところにおりました。わたしは彼に会いに行ったことがありますよ。われわれは、何か必要があれば、ブトゥールのところに行こうと思っていたものでした」。パリ－オルレアン鉄道の作業員はこう思い出す。「ある日、家の建築にあたって難色を示されたことがありました。それでわたしは石工に『レオンに会いにいくよ』と言いました。わたしは彼を知っていました。彼はよく…に釣りに行っていました。彼は親しく君と呼びかけ、わたしからの話を聞いて『引っ越しなさい』と言ってくれました。彼は電話を掛けてくれて、問題は解決しました。七月十四日〔革命記念日〕には、彼が司祭と一緒にいるのを見かけたものですし、選挙の日は、投票所を駆け回り握手をしていました」。理髪師はこの肖像をこう補っている。「この世で一番素晴らしい、実直な人間でした。よく釣りに行く人でした。農民はいつも彼を絶賛していました。彼は法廷で裁判に介入することまでしたんですよ……。田舎地域は右派の人間に率いられていたのですが、そうした人々もブトゥールに会いに行っていました。ドブレジュア〔ガブリエル・

ドブレジュア、フランスの農業家、政治家、一八八二―一九七〇）よりも力があると知られていました……」。「彼が亡くなったことは残念でした」と一九六七年に農家の男は惜しんでいた。「あれは立派な男でしたよ。一四年の戦争の時に世話してくれました。まったくもって感じが良く、早口でない良い話し方でした。自由に会いに行ける人でした。そもそも、広場には彼の名前がつけられ、モニュメントも作られました。つまり、彼のことを良く思っていたのはわたしだけではなかったのです。別の人で代えられることはないでしょう。彼より良い人は見つからないでしょうから。彼が必要な時は、会いに行けることを知っていました」。ある織物商の男は生き生きとした肖像を作ってみせる。「良きまとめ役でした……。ここによく来ていましたよ。それにわたしのうちに来たこともあります。彼はわたしのいとこのひとりの友達で、一緒に釣りに行ったものです。わたしの考えが社会主義とは言えないことを彼はわかっていたのにです。ゆかいな人で、彼となら退屈することはなかったです」。

残りは、きわめて少数のレオン・ブトゥールに敵対する有権者である。ある工場経営者によれば、要するに「成り上がり者」だった。「甘言で丸め込むのです。そのすべての考えが悪かったわけではありません。リモージュの繁栄のためのことをしてくれました。しかしリモージュは危険だと思わせる雰囲気をすっかり作ってしまったのでした。ビジネスがやってくるのを邪魔したのです。リモージュにあった素晴らしい労働力という財産が損ねられて、残念でした」。教師にとっては、レオン・ブトゥールは「人の良い男で、小さい次元で群衆を巧みに操る。まったくもって国を率いるような指導者ではありませんでした。彼には珍妙なところがあったのです。彼のせいで、閥族主義、えこひいきが幅を利かせていました。彼に選ばれた警官は酔ったような赤ら顔をしていましたよ。実直、良い行政者ということで通っていたのですがね」。ある法学生はこの意見を共有している。「狡猾な小者、抜け目がなく、スケールの大きくない地方の事業にちょうどいい。凡庸な連中［ブトゥールとその取り巻き］で、リムーザンにとって悪いことを多くやりました」。植字工はこう主張する。「最初は良かったんです。一九〇五年頃、赤旗を振っていた頃のことです。三〇年経って、三四年から三六年以降のことですが、彼はブルジョワと経営者たちに籠絡されたんです。経営者に対しては保守的。偽善者で自分が成功することを望んでいました。リモージュ市では大変愛されていました。三五年には勢いを失い、『橋のなか(1)』ではまだ人気がありましたが、わたくしどもは白い目で見ていました」。警察官はより断定的である。「党派主義者でした。あらゆる意味での政治家。わたしのボスだったのですが、昇

（1）「レ・ポン〔橋を意味する〕」はブトゥールの生まれた地区。

進はＳＦＩＯ党のためになる者ばかり。熟達した策略家で、共感を生む方法を心得ていました」。

予備調査によって、レオン・ブトゥールの人気はこの県の政治風土の核となる現象のひとつであることが示唆されていた(2)。そのため、彼についての質問を投げかけることは重要であった。有権者たちはみな熱心に答えてくれた。面談がだれ始めた時、ブトゥールの名前をあげるだけで再度盛り上げることができた。それはしばしば、ためらいがちな面談者から共感と信用を得ることさえ可能にしてくれた。多様な政治信条、社会階層の相違を超えて、リモージュの市長は絶大な人気を享受したのであり、レオン・ブルムが国政においてそうであった以上に、この地方の枠内で彼は調停者としての役割を果たしたのであった(3)。

この男はリムーザン地方の社会主義を体現する者であり、オート＝ヴィエンヌ県における党の成功の中心的な立役者であった。しかし人が彼に見出した美点は、とりわけその礼儀作法、人を手助けする能力、そして行政者としての資質であった。われわれが得た回答のなかでは、知的質については、彼の国会議員としての才能や、彼が持っていたかもしれない国レベルでの影響力と同様ほとんど問題になっていない。彼の雄弁家としての質はほとんど言及されていない。ブトゥールの政治的成功は主に個人どうしの直接的な関係性に基づいているようである。

帽子を使って丁寧にする挨拶、握手、親しく君と呼ぶこと、愛想の良さによって、彼は一人ひとりに彼のことを個人的に知っているという印象を与えることができたのだった。(4) リムーザン地方の住民は彼のなかに自分自身の弱さや欠点さえ見出していた。(5) ブトゥールは人を不安にさせることのない、大変開かれた穏健な社会主義を代表していた。彼を通して現れているのは、政治信条の多様さを超える地方主義的感情の力であった。

レオン・ブトゥールの途方もない成功は、財産的ないし文化的な権威に対してほとんど無頓着な社会の精神構造を浮かび上がらせる。その社会はほぼ完全に聖職者の影響を受けない。一方で、大衆から出た指導者が、近づきやすく、高邁な態度を取らず、人の役に立つことのできる人物である場合に大いに愛着を抱く。名士の威信に無関心なリムーザン地方の人々は、指導者を選ぶ特有の感覚を持っている。レオン・ブトゥールが享受した巨大な影響力はそのことを大変明瞭に物語っている。

(2) 「ブトゥール主義」や「ブトゥールびいき」という言葉が時に用いられた。
(3) ブトゥールの人気は県庁所在地を遥かに超えて広がっていた。
(4) 彼の人気は、この街が田舎町の面影をある面で残していたということから理解できる。
(5) とくに釣りの規則違反に関して。

第14章　一九三六年、意外性のない選挙

一九三六年四月二十六日、人民戦線は議会総選挙で過半数を大きく超える票を獲得した。勝利はオート゠ヴィエンヌ県でとりわけ顕著であった。その後、レオン・ブルムが組閣を行なった。これに続く流れや政府連合によって着手された諸改革についてはよく知られているところである。しかしそれはわれわれの調査の年代上の枠組みを超えている。われわれの目的は、ある時期の事件の継起に関する意見を手に入れることではなく、いかに人々が政治的同意を形成しているかについて、そのメカニズムを理解することであった。したがって、わたしが投げかけた質問はただひとつ、以下のものだった。

――三六年の総選挙の選挙戦について覚えていますか。もし覚えているなら、大戦間の他の選挙戦に比べてその盛り上がりはより強いもの、同等、より弱いもの、いずれだったでしょうか。

＊　＊　＊

一九三六年の選挙戦についてとくに覚えていたのは、インタビューを行なった者のうち五四パーセントの有権者だけであった。三八パーセントは他の選挙戦よりも盛り上がりを見せていたと記憶し、一二パーセントが同等、四パーセントのみが他よりも活気がなかったという記憶を持っていた。例として、一九三六年の選挙戦がより盛り上がっていたと考える何人かの有権者の回答を挙げよう。靴修理工はこう主張する。「投票時、人々は比べてより熱くなっていましたね。彼らはより熱心に投票所に行っていました。かなり前から話題になっていた選挙でしたよ」。機械工は次のように思い出す。「より盛り上がった選挙戦でした。なぜなら、労働者に関わる選挙戦だったからです。三六年より前は、労働者はあえて政治に身を投じるということはなかったのですが、三六年はそうなったのです」。「三六年の選挙戦は他のものと方向性が違ったんです」と郵便配達の男は答えている。「以前は、指揮権や優越性を手に入れられるかどうかだったんですが、あの時は自由が問題でした」。「三六年ですか。もっとも良かったものですね。大きな希望がありましたし、その後、失望させられることもありませんでした。リモージュで成功が間違いなかったのは確かです」ともうひとりの靴修理工が打ち明ける。出張販売員によれば「人々はより激しており、過熱ぎみでした。恐慌が起こっていたので、新しいことをなさねばと言われていたのです。不満な者たちが満たされることを望んでいたのです」。もうひとりの出張販売員はこの記憶を共有している。「凄まじかったです。わたしが訪れたあらゆる選挙区で、そこに着くとすぐに人民戦線の話が始まるのです」。会計係の男はわたしにこう述べている。「リモージュでは、あらゆる選挙戦が盛り上がるのですが、とはいえより熱が高まっていた選挙戦でした。三六年のものにより活気があったのは、二八年と三二年が純粋に政治的なものであったのに対して、三六年は、労働組合が参加し、政治に関与していたからです」。鍛治工によれば、「盛り上がり感［ママ］は労働者グループでより感じられました。みんなが一緒に団結しているという印象があって、たとえば、同じ作業場のなかでそう感じました」。パリ-オルレアン鉄道の取次係の男の意見によれば、「労働者がもっと不幸な状態だったので、気がより昂っていたんですよ」。父のところで働く小作人の息子は「人生で見たもっとも盛り上がった選挙戦だった」と思い出す。農業経営を行なう自作農の言では、この選挙戦はきわめて「盛り上がっていました。人々は色々なところで催される会合に自転車や車で出かけていました。うるさくて言ってることが聞き取ってもらえないほどでしたね。今日日同様の選挙があったとして、あのように成功はしないでしょう。まぁ大変だったんですけれど、それでも愉快な面もありました。バッセ(1)〔ジョゼフ・バッセ、フランスの政治家、一八八九―一九五九〕はここでは勝つ気なしに戦っていましたね。圧倒されていると感じていたのでしょう」。理髪師は次のように説明する。「田舎では都市部とは違い、選挙戦の盛り上がりはいつも同じようなものでしたが、この時は、左派の連合が原因で、やや焚きつけられたのでした」。農業経営をする地主によれば、「われわれはこの戦いを本当に面白がっていました(ベラックでのバルドンとテシエのことですよ〔オート=ヴィエンヌ県のコミューン、ベラックでSFIOのジョルジュ・テシエ(一八九四―一九六六)と中道右派のアンドレ・バルドン(一九〇一―六五)が争った〕)。滑稽なことになっていました。いつもよりも盛り上がった選挙戦で、わたくしどもの田舎の方では、他と比べてもとくにそうでした。バルドンはカネがあったにちがいないんですが、わざわざ展示会の日には同じ服を着てやってきていましたよ。それまでで一番活気があった選挙戦でした」。

(1) 選挙の不幸な候補者バッセは、自分が選出されるために自分への襲撃を偽装した。

多くの人が一九三六年四月から五月の出来事を忘れていたことに驚くかもしれない。しかし政治にとくに情熱を傾けていない一有権者にとっては、どの選挙戦も同じようなものであり、それはとくに農村部で顕著である。この出来事への関心を示す回答は主に、選挙戦がとりわけ盛り上がっていたと記憶する六九人の有権者によってなされている。これらの回答はどの社会階層がもっとも熱狂的であったかを示している。選挙戦を活気あるものとして記憶していたのはとりわけリモージュの労働者たちであったが、それは彼らが「労働者の選挙戦」だと考えていたからのようである。

第15章　一九三六年から一九六七年、政治的分裂の後退

個々の事件に関する意見を調査したあとでは、一九六七年のド・ゴール将軍の頃のフランスと比べながら、この時代の人々の知性の程度や政治活動に対する見方について問う、より一般的な質問に入る必要があった。

――世論をより手広く探るために、われわれはかつての有権者に次の質問を投げかけた。**あなたはこの時代（一九三四年から一九三六年まで）、人々は今日（一九六七年）よりも政治についてよく話題にしていたか、あるいはしていなかったか、どちらの印象がありますか。**

意見を聴取した有権者のうち五三パーセントは一九六七年の頃よりも人々は政治についてよく話していたとし、一六パーセントが同等、二二パーセントが政治について話す頻度は少なかったという記憶を持っていた。都市部では、政治についてより話されていたとする者の割合は六五パーセントに達している。

＊　＊　＊

一九三四年から一九三六年までの時期、政治についてより話されていたと考える有権者のなかには、政治関心の低い一九六七年の若者を非難する者がいた。たとえば、鋳型鋳造工はこう主張する。「今日日［一九六七年］の若者は、車を持ち日曜に出かけられるのであれば、政治はどうでも良いのです」。これは都市交通の車掌の意見と同様である。「今日では若者は、好きなようにできるので、重要視しませんね。成熟した人だけですよ、政治に関心を持つのは。若者は友達と集まることの方が好きなのです」。陶磁器工によれば、「今日では誰も行動を起こしません。集会は八割も減ってしまいました。若者はもうその種のことに携わらなくなりました。生活の充足感がありすぎるのです。年寄りがしたことから若者は利益を得ていますが、彼らはそこからさらに前進しようとはしないのです」。出張販売員はより長くこの意見を発展させている。「若者はかつてより無関心ですね。戦前だと、会合の時には部屋がいっぱいになっていました。今日日は、年長者しかいないです。若者は車とか他にやることがあるのです。彼らは気を紛らすことしか考えていません。そして、彼らはより冷めているので、それ「政治」が変わろうと同じことだと見ているのです。かつては若者は、カフェや電車で議論をしたものですが、今は、歌やテレビについて話すんです。戦前は、会食用の大テーブルがあったのですが、今日では、レストランにあるのは個人に分かれたテーブルです。ある男がやってきて身を落ち着けると、新聞を読むだけです」。機械製図工の男は三つの世代の違いを強調する。「陶磁器工場の現場監督だったわたしの父は政治活動をやっていて、いろいろよく知っていました。一九〇五年[1]のことについて語ってくれていました。彼らは本当に戦っていたのです。わたし自身はそのことはよく知っていますが、わたしの息子たちはなにもわかっていません」。

（1） リモージュの陶磁器工が大きなストライキを起こした年。

「わたしたちはより幸せになり、ブルジョワ化しました」

新しい社会的経済的な状況が生じたことが、政治への関心がなくなった原因とされることが多かった。仕上げ工の男はこのような意見であった。「今日［一九六七年］では、無気力がより強いですね。以前はもっと勇猛でしたよ。社会的に豊かだからだと思いますね。わたしたちはより幸せになり、ブルジョワ化しました。歳を取れば取るほど、革命的ではなくなっていくものです。道に出ていく気概を失うし、その理由もなくなるのです。かつては労働者が多数派でざっと六〇パーセントくらいいたのです。今日では、声を上げてしかるべき人は二五パーセントしかいないのです」。「若者はもっと決然と意見を表明していました」と靴の裁断師の男は主張している。「右派であれ、左派であれ、中道であれ、立場をとっていたのです。今日では若者はそれを得るために戦ったのではない社会福祉法の恩恵を受け、生気に乏しくなっているのです。かつて政治は、協同組合、組合活動、相互扶助というリムーザンの三位一体のなかでより精彩を放っていました。こうしたすべては必要に呼応したものだったのです」。小作人はこう断言する。「今日よりも遥かに。というのも、今は人はもっと幸せになっていますからね。

今日では、のらくら者かアルコール中毒かでなければ、仕事を見つけられないことはありません。不満があるとすれば、わたしの昔経験したことを知らないからです」。

他の何人かの有権者によれば、政治意識が衰えた原因としては、人々の政治との関わり方の条件の相違ならびに政治に対する思いの変化があった。「政治が違うものになってしまったのです」と靴修理工は説明する。「今日では戦争などテーマがたくさんありすぎます。毎日情報を追っていないといけない。結論にいたるためにはあらかじめ物を読んでないといけないのです。当時は、もっとわかりやすかったですよ」。パリ－オルレアン鉄道の運転士の意見では、「当時は政治的なものがもっとあった。今じゃ、そういうのはくだらないということになるのでしょう。当時はそれぞれが自分の派を擁護していましたが、今日では、スポーツにかかずらっています」。もうひとりの靴修理工は（やはり一九六七年において）こう述べる。「今よりも政治的なものは多くありました。とくに工場ではそうでした。たとえば弁当の時間に政治の話をしたものでしたが、今では、人々はそういったものに嫌気がさしているのがわかります」。「政治はもっとやっていましたね」と出張販売員は同種の意見を追加する。「今ではラジオとテレビばかりです。当時は、直接話をしていたのです。今日［一九六七年］では政治は全部ラジオ、テレビで言われています。それで、カフェではあまり話されなくなってきている。当時は口頭でもっとやってたんですよ」。小作農の回答は鋭いものだった。「当時は、政治をもっと信じていたんです。今日では、人々は嘘八百を吹き込まれてしまったんですよ。あの頃は大して学があったわけでもないし、説明してもらうのを好んでいたんです。もっと素朴さがありました」。そして焼き菓子職人によれば「政治についてもっと話していました。今じゃ、選挙の前に誰に投票するかわかっているから、議論がなくなってしまったのです。もし政治について話すとすればそれは冗談を言うためですよ」。

複数の有権者が歴史的条件の変化を強調した。たとえば、靴修理工はわたしにこう説明している。「リムーザンで今より政治について話さなくなったのには二つ理由があります。戦争、ドイツ軍による領土占領によってエゴイズムが増長したこと、それに生活条件が変わったからです。今［一九六七年］は妻や政治のこと以上に車にかかずらっているのがおりますね」。農業経営をする地主の男の意見では、「もっと政治について話していました。戦争以来、人は自分を隠すようになったからです。当時は、あのひとが急進社会党に投票しただの、社会党に投票しただのが話題になってました。というのも本人がそう言うのですから。人々は自分の意見を今よりもっと隠さなかったんですよね。戦争が意見を隠すことを覚えさせました。その習慣がまだ残っているわけです」。

では次に、一九六七年よりも一九三四年頃の方が政治について話していなかったと主張する有権者の言を検討しよう。農家の男はこう思い出している。「政治についてはほとんど話していませんでした。展示会の時には、商売の話をしていたし、よく飲んでいた。誰かを見て『ほら、あれは……共産主義者だ、社会主義者だ、火の十字団だ』と言うので満足してましたね」。ある農業経営を行なう自作農は次のような説明をしている。「情報が今よりなかったんです」、そして、小作農の家の使用人はこう主張する。「今日［一九六七年］より話していなかったですね。というのは、今より教育がなかったですから」。

大多数の有権者は生じていた変化を認識していた。一九三〇年代には今日（一九六七年）よりも政治について話していたと考える者がもっとも多かった。これが工員、勤め人、もっとも裕福な有権者、より一般的にはリモージュ市の有権者全体の大多数の意見であった。農業従事者においては、反対の意見が支配的であった。田舎では、政治は今日（一九六七年）よりも都市部や町部の住民にとくに関わるものと考えられていたようである。つまり、一九三五年以来、都市部で政治意識が相対的に希薄化し、また、農村地域である程度政治への関心が高まることになった。この二つの現象が、二つの地域のあいだに当初あった格差を和らげただろう。

挙げられた動機は単純なものであった。農業従事者に関しては、変化は教育と情報の発展からくるものであった。都市部[2]の脱政治化は、主に、社会経済上の変化が政治的心性に、とくに若者の精神に影響したことによると考えられていた。政治と人々の関わり方そのものの条件と特徴の変容についてはほとんど挙げられなかった。

インタビュー対象の人々が行なった分析は明確に凡庸なものである。そのものとしてはほとんど価値はない[3]。それが興味深いのは、かつて（三〇年代）の有権者たちに対する個人の所感を映し出しているからである。彼らは、政治領域においても社会領域においても分断がもっと明確であり、よりクリアさがあった世界の記憶を残していた。彼らの目に映るかつての人々は、政治参加するのにもっとためらわなかったし、他者とより接触しようとしていた。ここから、物質的幸福感が発展したにもかかわらず、われわれが得た回答のなかには、ある種のノスタルジーが大変頻繁に生じていたのだった。

（2）および農村地域の、農業従事者ではない住民。
（3）このような分析の作業は社会学者の領分である。

第16章 高揚感のない満足

総括として、一九三六年の選挙の結果に関する心理的反応をチェックしなければならなかった。これがわたしが面談者たちに投げかけた最後の質問の趣旨である。わたしは、この質問への回答がそれまでのものより入念に練られたものであったことを覚えている。それはおそらく選挙当時の感慨を反映したものだろう。

――一九三六年の議会総選挙では人民戦線が勝利しましたが、それに対するあなたの反応はどのようなものでしたか。中立的、満足、不安の混じった満足、不安のいずれでしょうか。

自分の反応を忘れていたのは、インタビューを行なった有権者のうち一〇パーセントのみだった。五四パーセントは留保なく満足していたことを思い出している。九パーセントが不安の混じった満足、一三パーセントが不安を感じていた。一二パーセントは回答することを拒むか、あるいは中立的だった。

*　　*　　*

以下、まず、選挙結果に対して（満足でも不安でもなく）中立的であったという回答のうち、いくつかの重要な例を見ていきたい。

事務員は次のように説明する。「フランスではみんな何か資産を持っています。支配しているのは中流階級なのです。資産が莫大にありすぎるということもなければ、資産に過度に手が加えられることもありませんので、わたしは心配していませんでした」。小作農を使って農業経営をする地主の意見もかなり近いものである。「ブトゥールが工場経営者と食事し、みんなが彼に握手をしに詰めかけているの見ていたのでね……。国レベルではＳＦＩＯがありますが、あれは社会主義の紛い物ですよ。わかるでしょう、わたしは社会主義の地域に住んでいたんですからね」。農業経営をする別の（人民戦線に敵対的な）地主の言葉で締め括ろう。「中立的でした。というのも、彼らの政策を読んだ時、笑ってしまいまして、『待ってくれ、これじゃほとんどわたしのアイデアだ』と思ったからです。トレーズが演説をした時、笑いましたよ……！」

「庶民はわずかな満足が得られれば、意地悪にはならないものです」

留保なしに満足であった者の例を挙げよう。会計係の男は牧歌的な調子でこう述べた。「ある不幸な人が、楽しい気分にさせてくれそうな一筋の太陽の光が頭上にさしているのを見た時、両の手をあげてそれを摑もうとしないなんてありえるでしょうか」。パリ－オルレアン鉄道の運転士はこの勝利を頼みの綱だと捉えていた。「わたしは失うような資産を持っていなかったんです。それに彼らは良い将来を約束していたんです。彼らが出てきたのは、すべてがダメになっていた時だったのです」。植字工は満足し、不安はなかった。その理由として彼は以下のように述べた。「庶民はわずかな満足が得られれば、意地悪にはならないものです。幸いなことにね」。

何名かの有権者の満足感には不安が入り混じっていた。たとえば教師のそれである。「若干不安のあるきわめて軽い満足感でした。わたしはアランの弟子ですから、政治の領域における成功は制限のあるもので良いと思っておりました」。あるいは文筆家でもあった新聞記者のもの。「わたしはただ外交のことだけから不安に思っていたのでした」。会計係の男はこう説明する。「わたしは人民戦線に好意的でしたが、当面のことでは少し不安がありました。というのも、わたしは、そのうちうまく収まるとは思うけれども、粛清は必要だと考えておりました。洗濯物は洗わないといけない、そうすればもうちょっと良くなるだろうと思っていたのです」。陶磁器業の日雇い労働者は、同じく不安を示している。「満足していましたが、今後の労働者のための戦いが彼らに取られてしまうのではないかと心配していました」。パン屋で働く男は満足していたが、「大惨事が起こるとかなり言われてましたので、少しばかりのあいだやや不安に思っていました。その後は、うまくいっているのを見ました。落ち着いたのです」。

「何かがおかしい」

完全に不安が支配的であった者から、事務員を挙げよう。「それでわれわれがどうなるのかよくわからなかったのです」。そしてある工場経営者である。「このような政治方針は、隣人からわれわれを疑わせるようにするだけでした」。法学生は「戦争、経済情勢、革命の脅威」への恐れを抱いている。「幸い、急進社会党員は世渡りがうまく、ブルムは巧みに革命を止めるやり方がわかっていましたが、彼が失脚した時には、やっとこの時が来たかと思ったものです」。「戦争になるとは考えていなかったのですが、何かがおかしいと感じていました。もう戦争はしたのだから、また戦争があるなんて考えることはできなかったのです。『ああ、それはありえないよ！』と言っていたものです。なんとも言えない不安感がありました。調子はどうだ、商売はうまくいっているかと聞かれると、うまくいっていると言っていましたが、実際はそうではありませんでした」と出張販売員は説明する。同じ不安がワイン業者の男にもあった。「どうなるかと思っていましたよ。わたしは労働者たちが生計を立てられると良かったのです。お金があれば労働者はものを買うでしょう。即金で。ですが、おわかりのように、あれはちょっと急激な変化だったんです」。

今回の質問は、人民戦線に関してわれわれが行なった質問と大変似たものだが、それには第一に、数分前に行なわれた回答の確認という目的があった。この二つの質問への回答の比較によって、人民戦線に好意的であるはずの有権者の一定数がその勝利を前にしては、不安を感じていたことがわかった。この不安は、より教育を受けた社会階層の人々（自由業、勤め人）においてとくに広がっていた。また、商人においてきわめて明瞭であった。まったく反対に、人民戦線に敵対する者では、不安は敵意よりも弱かった。社会主義の行政に慣れており、ブルムを穏健だと評価する、人民戦線の敵対者の多くは、その勝利に対して、無関心だったと主張している(1)。

(1) 彼らは満足を感じていることさえもあった。この点、特定の有権者は彼らが心情的に支持しており否定しがたい諸価値に対して、それとは反対の意見を支持する理性的な政治信条がせめぎ合った結果、ある種の感情の混乱を抱いていたことを率直に示してくれた。

結論(1)

検討したところ、われわれが確認した記憶の正確さについては、このように説明できると考える。哲学者のある者たちは、われわれの記憶は一般に思われるよりも正確であり、もし記憶が歪んでいると思われるなら、それはわれわれの価値観が変わり、現在においてかつてと同じような目でその現象を見ることがなくなっているからである、と考えるのではないか。子どもの時に遊んだ巨大な森が実は小さな林に過ぎなかったと気づいて驚く大人が、自分の記憶の脆弱さを非難するのは間違っている。しばしばわれわれの面談者は、われわれに、一九三六年か

(1) この文章は一九六七年に実行された調査の終わりに作成されたものである。

らまったく意見が変わってしまったと打ち明けた。このことは、彼らに自分の古い意見を思い出すことを阻害しなかった。過去は彼らの記憶のなかで構造化されており、記憶が後の出来事によって変容されることはほとんどなかったのである。時間の経過はせいぜいやや過剰な図式化、ニュアンスを抹消する一種の沈澱作用を引き起こした程度であった。関連する出来事が古いほど、立場の取り方はより断定的であった。

また、予備調査の後に選んだ質問は、重要な事実についてのものであり、その記憶がほぼ常に価値判断に結びついていた。このことが意見の固定化を促したにちがいない。最後に、われわれが質問をした人々は、多くがかなり高齢であった。したがって、われわれは、最近のことよりもよく覚えている昔のことを尋ねる者に高齢者が示す共感の恩恵を受けた。もし現在についての調査であったなら、このような雰囲気が作られることはなかったとも考えられる。われわれの調査対象者は、自分にどのような努力が求められているかをとても早く容易に理解したのである。

このことは回顧的アンケートに如何なる危険もないことを示しているのだろうか。もちろんそうではない。だが、われわれが直面した問題はわれわれにとって予想外のものであったのである。現在のことについてのアンケートでは、対象者がそれまで自分のなかで明確に抱いていなかった疑問を投げかけられた場合、彼はそれについて深く考え込むということが可能なのであり、そして、少しの考察の末に、答えることができる。調査実施者は、多かれ少なかれ意識にのぼっている意見を明確に言わせるようにし向ける必要がある。回顧的アンケートのなかでは、こうしたことは明らかに不可能なのである。もし調査対象者がかつてその質問を自分のなかでしていなければ、現在においてもそれに答えることはできないのである。つまり、その主題において彼は意見を持っていなかったということになる。

このことは、誤謬を招く二重の危険をもたらす可能性がある。ひとつ目は、意見の欠如と、かつての意見についての記憶の欠落を混同してしまうことである。二つ目の危険は、はるかに重大である。すなわち、こうした欠落を埋めるため、自分が記憶するかつての価値観にしたがって自分のものと思しき意見を生み出し、現実のものとする、誠意のある者であったとしても調査対象者に降りかかってくる誘惑である。これは記憶の歪みではもはやなく、真にでっち上げられたものであり、嘘以上に油断ならないものである。幸いにも、繰り返しになるが、多くの場合、記憶のなかで価値判断と結びつく事実をわれわれが取り扱っていたため、この危険は弱められた。

そして最後の暗礁である。不誠意あるいは、記憶の体系的意図的な改竄である。まず、このような批判はあらゆる世論調査、あらゆるタイプの資料において、適用されうるものということが確認できる。この点、われわれには好都合なことがあった。すなわち、質問が遠い過去のことに関してのものであり、激しい議論を呼ぶものではなかったということである。このことは真摯な姿勢を促すばかりであった。一方で、調査対象者は伝統的な世論調査の場合には生じない誘惑を抱くことがあった。それは、常に出来事を明敏に判断していたという印象を与えるために、後に起こった出来事に応じて記憶を体系的に歪めようとする誘惑である。しかし、これについては、歴史家は受けてきた訓練によって批判感覚を研ぎ澄ませているはずであり、このような操作をくじくために誰よりも備えができているにちがいないのである。

実際に試してみて、われわれは、回顧的世論調査のなかでは、無意識的な記憶の歪みは普通思われるよりも深刻なものではなく、むしろいい加減な意見が介入してくることの方がより危険な暗礁となり、また、虚偽、すなわち意識的な記憶の改竄は、実践を通じて発展していく批判感覚のおかげで見分けることができると考える。

オーラルアンケートによって、その他いくつかの意見伝達のメカニズムが識別できた。まずわれわれは人とのふれあいや実際の体験が決定的な役割を果たしていることに驚かされた。戦争の記憶の役割、労働者間の関係やあるいは、亡命者との接触が果たした役割を強調する例が多数あった。より一般的には、「伝聞」が高い重要性を占めているのである。周囲の圧によって反対することのできない、家庭内で農民たちが伝統的に伝えてきた要素の継承、話、[2] 作業場での会話が新聞等出版物よりも決定的要因であることが調査を通じて明らかになった。

読書が意見形成に貢献した事例で言えば、回答群はわれわれに小学校の重要性が高いことを示した。われわれは外国、たとえばイギリスについての考え方が大部分において学校の記憶に影響されていたことを確認した。

新聞等刊行物によって広められていたイデオロギーと大衆のそれとは、政治的傾向において異なっているというだけではない。それらは別次元のものであった。ごく稀にしか合流しない思想の二つのレベル、二つの別の論理であり、二つのあいだには、明らかな食い違いがあったのである。集合的メンタリティの方には、それが復活していることに驚くほど、きわめて古いステレオタイプが根を下ろしていた。われわれは一見すると驚くべき動機、イメージ、比較、予想外の馴致を、すなわち多様で、豊かで、汲み尽くせない表象の世界を、そこにおける支配

（2）退役軍人、占領軍兵士、出張販売員、パリや都市から来た労働運動の闘士の話である。

的な要素は簡単に明らかにできるにもかかわらずあまりにも知られていない、あるひとつの表象の世界を見つけたのであった。オート＝ヴィエンヌ県の民衆的階層の人々の意識において成立しているのは、二十世紀のただなかにさまざまな方法で延長しているかつての世界である。

オーラルアンケートはわれわれに、外国人に対する意見において支配的ないくつかの要素を指摘することを可能にした。それはすなわち、フランスを優位におき、本当にフランスを脅かすのは唯一再建されたドイツのみだという、終始一貫して言及される信念であり、大きく広まった外国人嫌悪、隣国の資質を批判や嘲笑の対象にさえする傾向である。この領域においては、思考の枠組みは一九一八年の戦勝以来変わっていないようであり、国際情勢は大戦についての記憶や聞いた話をもとに判断されていた。このことはソ連に関して明らかであった。ドイツの危険性は、一九一八年に決定的な勝利をはたしたという印象によってある程度小さく見積もられていた。その結果、ヒトラーによって一九三五年三月と一九三六年に開始された危機の重要性はよく理解されなかったようである。

イタリア–エチオピア紛争は確かに記憶に残っていたが、世界の平和にとっての脅威とは考えられていなかった。紛争は、大いに広まっていたイタリア嫌いの感情を充足させた程度だった。さらにそのイタリア嫌いも、社会主義新聞がさまざまに努力したにもかかわらず、ファシズムへの嫌悪感から来ていた、というよりは、一四年から一八年のことについての記憶に根ざすものだったのである。

大変興味深いことに、これら戦争の記憶は地域の平和主義の伝統に結びつく。国際連盟は好意的に、また、信用できるものとして考えられることがもっとも多いが、それとは反対に、ヴェルサイユ条約の厳しさを過度なものと捉える、あるいはイギリスとの友好的感情を発揚すべきであるとする社会主義者たちの主張は、大多数の世論には共有されていない。この領域では、実体験がイデオロギー的伝統よりも優先されているのである。

したがって、一九三四年から一九三六年まで、リムーザン地方の人々は国際危機にはほとんど動揺させられていないようである。田舎の人々はとくに、これらの問題を気にかけずに暮らしている場合がもっとも多く、外交問題は一九三六年の選挙に大きな影響を与えているわけではなかったようである。

＊　＊　＊

三つの時代が、一八三名の有権者の言葉を集めたこの小さな選集に階層を与えている。わたしが調査の対象とした一九三四年から一九三六年、アンケートを行なった時期である一九六六年から一九六七年、彼らの述べたことを復活させた二〇一九年である。この複数の時間軸の戯れは今日わたしに何を考えさせるだろうか。

もちろん、そうでなければこの選集に存在理由はないのだが、わたしはかつてなくこの一八三人の過去の人々を蘇らせる必要を、あるいは少なくとも、彼らの声に耳を傾ける必要を感じている。わたしは今日、彼らの声を聞いて、表象と政治的選択の慣性、ジャック・ル・ゴフ〔アナール学派の歴史家、一九二四―二〇一四〕が「文化の漂流物」と呼ぶものの力、すなわち、長大な時間に亘って持続する構造に属し、われわれがあまりにも早く陳腐化し、消滅したと考えてしまうものの力に驚きを抱くのである。

歴史家が永遠に従わなければならない包括的観点とは、何ひとつ聞くことを拒否してはならないということを前提とする。これはこのアンケートを実施した一九六六年と一九六七年に、わたしが従っていた学問的規律である。繰り返すが、これによってわたしは、古いステレオタイプの強い影響、意外な時期にまで遡る根源的精神構造と表象と政治的選択の残存を確認できたのである。伝統的に強かった政治的情熱が衰えた一九六六年から一九六七年に述べられたこれら有権者の言葉は、三〇年代後半の精神世界が、当時において――そして二〇一九年においてもなお――それを暗い時代と捉える主として否定的なステレオタイプにはあまり一致しないことを理解させてくれる。この点について、目的論や編年歴史家の影響に対して警戒しよう[3]。歴史家がまずもって「戦前」と捉えるこの時代の規定の仕方は、二つのうち実際にそのように経験された唯一のものである「戦後」のそれとは異なるということである。これは明らかなことである。

さて、一九六七年に、一九三四年から一九三六年の時期についての記憶を述べた有権者たちはこうした罠に引っかかってはいなかったのであり、学問的であることを自称しつつも、のちに起こった出来事に囚われているあらゆる回顧的研究よりも、地面を細かく見ようとするこの超低空飛行の歴史が、社会の深い暗闇のなかで生きられた時間の編み目をよりよく復元するように今日わたしには思われる。そしてこれは、この時代の歴史を、通常なされているものよりも複雑でニュアンスに富んだものへ、より断定的でないものへとしていくのである。

(3) Alain Corbin, « Le risque, pour l'historien désireux de comprendre le passé, de savoir ce qui est advenu après la période qu'il étudie », *Sociétés et Représentations*, 2015/2, n° 40, pp. 337-342.

補遺

この調査結果の発表を、次の二つの質問の回答をまとめた二つの表で締めくくろう。

――政治においてあなたの父親の影響を受けて、家のしきたりを継いだのでしょうか。あるいはこの分野であなたの父親の考えにあなたは反対の考えを持っていたのでしょうか。

一 全体的な集計結果〔表1〕

回答によって家のしきたりの影響力があることがはっきりとする。父と子との間に政治の分野でイデオロギー的な対立があることはまれである。そうと認められるだけの数があったのは産業労働者においてのみであった。それはほとんどの場合は、都市部に住んだ息子と農村部に残った父の間の不和であった。質問を受けた一四パーセントの人が家庭での会話の間にこの問

いに触れたことが一度もなかったと述べた。この比率は棄権票の比率にほぼ一致している。(1)

二　女性

――政治面における彼女たちの役割はたいへん小さいようだった。**「当時あなたの周りの女性は政治に興味を持っていましたか」**という質問は次のような回答を得た〔表2〕。

政治に関心を寄せる女性はおおむね次の二つのカテゴリーに属している。

・大富裕層で、女性がなにがしかの教育を受けている。

・労働者層で、女性たちはとりわけストライキや失業の危険を懸念している。

商人や会社員の妻たちは政治の懸案事項には無関心であったようだ。商人の妻は顧客のためで、会社員の妻については理由はわからなかった。

(1) しかしながら棄権票がたんに無関心を示しているのではないことは分かっている。諸事情により棄権せざるを得ない有権者を考慮に入れる必要がある。

表1

	父死亡	家庭でこの問題を扱ったことはなかった。家でのしきたりはない	家でのしきたりを続けた	父親と対立した	判断のできない回答
都市部	有権者19人（20%）	13人（13%）	44人（46%）	18人（18%）	1人（1%）
農村部	13人（15%）	12人（14%）	50人（60%）	7人（8%）	1人（1%）
合　計	32人（17%）	25人（14%）	94人（52%）	25人（14%）	2人（1%）

表2

	全く興味を持っていなかった	わずかに興味を持っていた	時おり興味を持っていた	大いに興味を持っていた
都市部	68人(71%)	5人(5%)	16人(16%)	6人(6%)
農村部	65人(78%)	4人(4%)	11人(13%)	3人(3%)
合　計	133人(74%)	9人(5%)	27人(15%)	9人(5%)

謝辞

ここに本調査の着想を与えていただいたジョルジュ・カステラン教授、文章を読み直してくださったアンリ・ヴァシェ教授、手稿を清書してくれたシルヴィー・ル・ダンテック、そしてファブリス・ダルメイダに謝意を表したい。

訳者あとがき

本書は、Alain CORBIN, *Paroles de français anonymes. Au cœur des années trente*, Albin Michel, 2019. の全訳である。タイトルが示すとおり、歴史に名を残すような英雄でも著名人でもないフランスの普通の人々を、二つの大戦に挟まれたいわゆる戦間期、とりわけ一九三〇年代という時代に絞って扱っている。時代背景についてはすでに巻頭の「訳者付記」で過不足ないまとめがあるので、そちらを参照していただきたい。この短いあとがきでは、三つのポイントに焦点を当てて本書の意義について解説したい。

まずこの書が歴史研究として大きな価値を持つことは言を俟たない。タイトルではフランス人とあるものの、フランス国民全体が対象ではなく、リムーザンという一地方を本書は取り上げている。このリムーザン地方は、オート＝ヴィエンヌ県、コレーズ県、クルーズ県という三つの県からなる地域圏だった。二〇一六年にアキテーヌ地域圏ならびにポワトゥー＝シャラント地域圏と統合し、ヌーヴェル＝アキテーヌ地域圏となっているが、主要幹線道路から離れた、交通の便が悪い場所も多く、またクルーズ県のように古くから多くの出稼ぎ労働者が大都市に出る地域もあった。牛にリムーザンの名を取ったリムジン種があることからも理解されるようにこの地域では畜産が盛んで、手袋生産のような手工業があり、リモージュ磁器の生産で知られるリモージュの町もこのリムーザンにある。第一次世界大戦の頃から労働組合運動が影響力を持ち、農村部でも都市部でも左翼が根強いという政治的な特徴を持っている。

本書の「序幕」に書かれているように、コルバンがインタビューをしたこのようなリムーザン地方の名もない庶民の言葉を届けることが、本書が世に出された目的である。フランス十六世紀ユマニストのフランソワ・ラブレー著『パンタグリュエル物語　第四の書』の第五六章「パンタグリュエルが凍った言葉のなかに、色々な愉快な言葉を見出したこと」には、冬の氷の海で寒さのあまりに凍ってしまった戦の音や言葉が春になって溶けて聞こえてくるという場面があり、コルバンはこの描写を引用して、いわば博士論文のなかに閉じ込められてしまって永久に消えてしまったかのように思われた言葉を「溶かし」て、あらためて人々の耳に聞こえるようにする義務が自分にはあると述べる。いわゆる「埋もれた人々」の言葉から理解されることは、大物政治家や英雄のように扱われる人物が残した言葉を読むこととまったく異なる「一種のめまい、時系列的な感覚の揺らぎ」を生じさせるものだからである。一般には新聞・雑誌といったメディアや知的な思索の行為こそが政治的意見の形成を担うと考えられがちだが、実際にはそうではなくて、学校、軍隊、工場、作業場、ビストロなどでの近しい人との触れ合いが大きな影響を与えていると本書の調査は示唆してくれる。また、このような政治的意見形成では日常の何気ない会話で使われる決まり文句のような表現で言い表されるものが大きな役割を果たしていて、しかもそのような言論は社会的地位によって異なっているということを、コルバンのリムーザン地方の調査は明らかにしている。「溶かされた」言葉こそが、言論形成の複層性を如実に示し、一枚岩のような様相でふるまってきた従来の歴史を揺るがせているのである。

コルバンの対談を収録した『感性の歴史家 アラン・コルバン』(藤原書店、二〇〇一年)において、歴史家でジャーナリストでもある対談相手のジル・ウレに、コルバンはこの調査の成果を次のような言葉で語っている。

この調査のいくつかの結果は意表をつくものに見えるかもしれません。この民衆の選挙人のなかにはレジスタンスをおこなった左翼の磁器製造人がたくさんいましたが、わたしはこうして五〇パーセントの人がピエール・ラヴァルに賛成意見をもっていることを知りました。あなたの反論にまえもってお答えするならば、彼らは一九三五年のラヴァルと対独協力派のラヴァルをはっきり区別していました。しかし一九三五年のラヴァルは気に入っていたんです。それはとくに、彼が公務員の数を「減らし」たからで、そのことは歴史的英断の一例として多くの人たちが記憶しているものでした。

この一九三五年のピエール・ラヴァルに賛成意見があったという調査の結果が多くのフランス人にとって意表をつくものだということには、少し説明を要するかもしれない。第二次世界大戦でフランスはナチス・ドイツに侵攻されて降伏したが、そこで成立した対独協力派のヴィシー政権において、当初は副首相、一九四二年以降は首相として政権運営の中心に立ったのがラヴァルであった。義務協力労働という制度でドイツへのフランス人労働力の提供を進めるなど対独協力政策を主導したため、戦後は戦犯として起訴され死刑判決を受けている。この死刑執行の日にラヴァルは青酸カリで服毒自殺を試み、心停止となるが、それを医師は胃洗浄を処置することで息を吹き返させることに成功し、そのままラヴァルは刑場に連れられて銃殺刑に処された。当時いかにラヴァルへの憎悪が大きかったかが感じられる逸話であるが、現在のフランスにおいてもラヴァルの名はフランス人自身による戦争犯罪の象徴であり、ヴィシー政権期における最大の戦争犯罪人とみなされていると言って過言ではない。ラヴァルに対するフランス人のこのような歴史的認識を鑑みるならば、コルバンの調査結果が明らかにしていることが、どれほど現在のフランス人の「常識」を揺るがすものであるか、想像に難くない。決まり文句や常套句の果たす役割についても、コルバンが対談で述べていることは興味深い。

わたしはこの時代にかんする研究ではまれにしか発見されることのない一連の常套句を突き止めました。多くの人々が「金の食器で食べる」レオン・ブルムにそれとなく触れたものです。さらに驚くべきことには、わたしが質問をした人たちの多くが、金塊を詰め込んだ「金の列車」について話しました。それは、一八七一年の敗北のあと、フランクフルト条約で定められた五〇億フランの賠償金を積んで、パリの東駅からドイツに向かって出発したと思われる列車のことでした。わたしはまた彼らに、ドイツ人やイギリス人やイタリア人をどう思うかとも尋ねました。一九一四年から一九一八年の戦争に参加した人たちにとっては、ドイツ人はやっつけられたので、ことはすでに解決していました。彼らはかつての敵対者について、ある種の敬意をもって語りました。まったく意外なことに、先祖代々の敵は、「塹壕で紅茶を飲む」イギリス人でした。イタリア人にかんしてもっともよくあらわれるイメージは、農村をまわって椅子のわらをつめかえる職人のものでした。彼らは「働き者で」、「感じがよくて」、「陽気だ」ということでした。リムーザン地方のこれらの労働者や農民のイタリア人にたいする意見は、この記憶のおかげで好ましいものとして定着していたんです。

本書の第12章「ブルム、情動の創造者」で、この「金の食器で食べる」ブルムの姿について「フランス人である前にユダヤ人でした」と述べるワイン業者の男の回答が紹介されているが、これにコルバンは「ユダヤ人やブルジョワであることが非難されている。要するに、驚くべきではないステレオタイプである」と分析を加え、さまざまな政治的意見形成のなかで常套句が果たす影響を指摘している。また、本書の第5章「イタリア人労働者、芸術家にしておどけ者」、第8章「本来危険なドイツ」、第9章「イギリス人、先祖代々の宿敵……」、また第10章の「ロシア人、一九一七年の裏切り」にあるように、他国民、さらには他国の政治に対する意見形成が、新聞などで報道されていた言説とは異なり、実際に接した体験や実話に基づいているということもコルバンは明らかにしている。著名人の言葉や大手メディアの報道によって支えられる歴史とその常識に、コルバンは再考を促しているのである。
次に本書の二つ目の意義は、「溶かされた」言葉からなるこの書物が著者コルバン自身の若い時代のことを教えてくれることである。コルバンの詳しい紹介についてはすでに多く出ている訳書に譲るが、前述の『感性の歴史家 アラン・コルバン』の「九〇万のリムーザン人」では、本書のもととなるコルバンの第三課程博士論文のアンケートが同時期に準備されていた国家博士論文の執筆にどのような影響があったかをジル・ウレが尋ねるくだりがあり、これにコルバンは次のように応じている。

この機会に、わたしは自分がそれまで知らなかった社会階層である磁器製造人たちに出会いました。わたしの人生において、農村で農民や職人と接することはもちろんそれまでにもありましたが、労働者と接することはありませんでした。これらの人々に会い、どこでどうやって生活しているのかを知り、彼らが住んでいる界隈を駆けめぐって工場を訪れることによって、軍隊での体験に加えて「民衆」というものを少しばかり知ることができました。

コルバンの父親はノルマンディーの田園地帯で医師として仕事をしており、コルバン自身が農村部の生活に慣れ親しんでいる。したがって農業に従事する階層との接点はあったが、実はいわゆる庶民の幅広い層と接する機会は青少年の時代にいたるまであまりなかった。十六歳まで宗教系の学校で初等・中等教育を受けていたこともあり、アグレジェ（一級教員資格者）として一九五九年秋にリモージュの、一般の公立高校であるゲ＝リュサック高校に着任したときのことを「冷たいシャワーを浴びせられたよう」と回想しているほどである。本書のインタビューはコルバン自身の言葉を借りれば「何年も研究したあとでようやくじっさいにリムーザン人に会った」その出会いそのものなのである。「埋もれた人々」への眼差しで知られるコルバンではあるが、いわば本書は庶民を見つめるコルバンの修業時代の「実況中継」なのだ。

最後に、この一九三〇年代のフランスの庶民を扱った本書の意義として、これが図らずも現代の日本への警告となっていることを指摘せざるをえないだろう。第4章の「失業のこけ脅し」に記された恐慌による貧困社会に、今の日本の姿を重ね合わせずにはいられない。失業したために子を持つことすら諦めざるをえなかった配管工、生活のために慣れない肉体労働をした会計係の男、犬のように働いてもその日暮らしだった日雇い労働の男のような社会問題はそのまま現在の日本に当てはまる。また、第7章「国際連盟、希望と不信」を読んで、ロシアのウクライナ侵攻を解決できない今の国際連合を思わない読者がいるだろうか。第二次世界大戦が始まるまでは、第一次世界大戦を最後の大戦と考える「最終戦争」を確信していた人が多かった。第二次世界大戦後もこれでもう大戦は二度と起こらないと考えていた人がほとんどだったはずだ。それが二〇二二年のロシアによるウクライナ侵攻で、最終戦争と国際連合の平和解決は幻想に過ぎないという現実に直面する事態となり、現在にいたっている。歴史は繰り返すという教訓を本書から感じずにはいられない。

翻訳の担当は、序幕および第1章から第8章を寺田、「訳者付記」作成および第9章から結論までを實谷が担当し、補遺については二人で訳出を行っている。コルバンの著作はいずれもそうだが、そのフランス語は良質である。「明晰ならざるものフランス語にあらず」と言われるように、コルバンのフランス語は時制の使い方から代名詞の用い方にいたるまで曖昧なところがない。コルバンは自身の父親について「父にとって、正しいつづり方や構文はアイデンティティの構成要素だった」と回想しているが、コルバン自身の筆も良いフランス語そのものである。明瞭な知性の結晶であるフランス語を翻訳できることは訳者にとっては喜びであり、訳文は万全を期して訳者二人で全体を見直しているが、思わぬ不用意な訳があればそれは全体の統括責任者である寺田に責がある。

末筆ながら、本書の翻訳をご提案くださった慶應義塾大学文学部の小倉孝誠氏、藤原書店の藤原良雄社長、そして辛抱強く、忍耐強く作業を進めてくださった担当の刈屋琢氏に心より御礼を申し上げる。

二〇二三年九月

訳者を代表して　寺田寅彦

人名索引

原注を含む本文，および「訳者付記」
「訳者あとがき」から人名を採った。

著者紹介

アラン・コルバン（Alain Corbin）

1936年フランス・オルヌ県生。カーン大学卒業後，歴史の教授資格取得（1959年）。リモージュのリセで教えた後，トゥールのフランソワ・ラブレー大学教授として現代史を担当（1972-1986）。1987年よりパリ第1大学（パンテオン=ソルボンヌ）教授として，モーリス・アギュロンの跡を継いで19世紀史の講座を担当。現在は同大学名誉教授。

“感性の歴史家”としてフランスのみならず西欧世界の中で知られており，近年は『身体の歴史』（全3巻，2005年，邦訳2010年）『男らしさの歴史』（全3巻, 2011年, 邦訳2016-17年）『感情の歴史』（全3巻，2016-17年，邦訳2020-22年）の3大シリーズ企画の監修者も務め，多くの後続世代の歴史学者たちをまとめる存在としても活躍している。

著書に『娼婦』（1978年，邦訳1991年・新版2010年）『においの歴史』（1982年, 邦訳1990年）『浜辺の誕生』（1988年, 邦訳1992年）『音の風景』（1994年, 邦訳1997年）『記録を残さなかった男の歴史』（1998年，邦訳1999年）『快楽の歴史』（2008年，邦訳2011年）『処女崇拝の系譜』（2014年，邦訳2018年）『草のみずみずしさ』（2018年，邦訳2021年）『雨，太陽，風』（2013年，邦訳2022年）『木陰の歴史』（2013年，邦訳2022年）『未知なる地球』（2020年，邦訳2023年）など（邦訳はいずれも藤原書店）。

訳者紹介

寺田寅彦（てらだ・とらひこ）

1966年，兵庫県生まれ。パリ第七大学第三課程（文学博士）。現在，東京大学大学院総合文化研究科・教授。専門は近代フランス文学，比較文学比較文化。

主要著作に *Paravents japonais : par la brèche des nuages*（共編・校訂，Citadelles & Mazenod, 2021），翻訳に『男らしさの歴史Ⅱ　男らしさの勝利　19世紀』（共訳，藤原書店，2017年）などがある。

實谷総一郎（じったに・そういちろう）

1987年，愛媛県生まれ。ソルボンヌ大学文学博士，2020年東京大学大学院総合文化研究科博士課程単位取得退学。現在，上智大学助教。エミール・ゾラを中心とする近代文学と美術の関係を研究。

論文に « La pensée vitaliste dans les écrits sur l'art de Zola : revisiter la notion de milieu »（*LITTERA*, 2022）, « Zola contre Edmond About : le vitalisme à l'œuvre dans *Thérèse Raquin* »（*Revue d'Histoire littéraire de la France*, 2021. 日本フランス語フランス文学会奨励賞）などがある。また，著書 *La Pensée littéraire et artistique d'Émile Zola : une esthétique vitaliste*（Honoré Champion）が2023年度中に刊行予定。

1930年代《ねんだい》の只中《ただなか》で　――名《な》も無《な》きフランス人《じん》たちの言葉《ことば》

2023年10月30日　初版第1刷発行©

訳　者　寺田寅彦
　　　　實谷総一郎

発行者　藤原良雄

発行所　株式会社 藤原書店

〒162-0041　東京都新宿区早稲田鶴巻町523
電　話　03（5272）0301
FAX　03（5272）0450
振　替　00160 - 4 - 17013
info@fujiwara-shoten.co.jp

印刷・製本　精文堂印刷

落丁本・乱丁本はお取替えいたします
定価はカバーに表示してあります

Printed in Japan
ISBN978-4-86578-398-8

感性の歴史という新領野を拓いた新しい歴史家

アラン・コルバン（1936–）

「においの歴史」「娼婦の歴史」など、従来の歴史学では考えられなかった対象をみいだして打ち立てられた「感性の歴史学」。そして、一切の記録を残さなかった人間の歴史を書くことはできるのかという、逆説的な歴史記述への挑戦をとおして、既存の歴史学に対して根本的な問題提起をなす、全く新しい歴史家。

「嗅覚革命」を活写

においの歴史〈嗅覚と社会的想像力〉

A・コルバン
山田登世子・鹿島茂訳

アナール派を代表して「感性の歴史学」という新領野を拓く。悪臭を嫌悪し、芳香を愛でるという現代人に自明の感受性が、いつ、どこで誕生したのか？　十八世紀西欧の歴史の中の「嗅覚革命」を辿り、公衆衛生学の誕生と悪臭退治の起源を浮き彫る名著。

Ａ５上製　四〇〇頁　**四九〇〇円**
（一九九〇年一二月刊）
◇978-4-938661-16-8

LE MIASME ET LA JONQUILLE
Alain CORBIN

浜辺リゾートの誕生

浜辺の誕生〈海と人間の系譜学〉

A・コルバン
福井和美訳

長らく恐怖と嫌悪の対象であった浜辺を、近代人がリゾートとして悦楽の場としてゆく過程を抉り出す。海と空と陸の狭間、自然の諸力のせめぎあう場、「浜辺」は人間の歴史に何をもたらしたのか？

Ａ５上製　七六〇頁　**八六〇〇円**
（一九九二年一二月刊）
◇978-4-938661-61-8

LE TERRITOIRE DU VIDE
Alain CORBIN

近代的感性とは何か

時間・欲望・恐怖〈歴史学と感覚の人類学〉

A・コルバン
小倉孝誠・野村正人・小倉和子訳

女と男が織りなす近代社会の「近代性」の誕生を日常生活の様々な面に光をあて、鮮やかに描きだす。語られていない、語りえぬ歴史に挑む。〈来日セミナー〉「歴史・社会的表象・文学」収録（山田登世子、北山晴一他）。

四六上製　三九二頁　**四一〇〇円**
（一九九三年七月刊）
◇978-4-938661-77-9

LE TEMPS, LE DÉSIR ET L'HORREUR
Alain CORBIN

「群衆の暴力」に迫る

人喰いの村

A・コルバン
石井洋二郎・石井啓子訳

十九世紀フランスの片田舎。定期市の群衆に突然とらえられた一人の青年貴族が二時間にわたる拷問を受けたあげく、村の広場で火あぶりにされた……。感性の歴史家がこの「人喰いの村」の事件を「集合的感性の変遷」という主題をたてて精密に読みとく異色作。

四六上製　二七二頁　**二八〇〇円**
（一九九七年五月刊）
◇978-4-89434-069-5

LE VILLAGE DES CANNIBALES　Alain CORBIN

世界初の成果

感性の歴史

L・フェーヴル、G・デュビィ、A・コルバン　小倉孝誠編
大久保康明・小倉孝誠・坂口哲啓訳

アナール派の三巨人が「感性の歴史」の方法と対象を示す、世界初の成果。「歴史学と心理学」「感性と歴史」「社会史と心性史」「感性の歴史の系譜」「魔術」「恐怖」「死」「電気と文化」「涙」「恋愛と文学」等。

四六上製　三三六頁　**三六〇〇円**
（一九九七年六月刊）
◇978-4-89434-070-1

音と人間社会の歴史

音の風景

A・コルバン
小倉孝誠訳

鐘の音が形づくる聴覚空間と共同体のアイデンティティーを描く、初の音と人間社会の歴史。十九世紀の一万件にものぼる「鐘をめぐる事件」の史料から、今や失われてしまった感性の文化を見事に浮き彫りにした大作。

A５上製　四六四頁　**七二〇〇円**
（一九九七年九月刊）
品切◇978-4-89434-075-6

LES CLOCHES DE LA TERRE　Alain CORBIN

「社会史」への挑戦状

記録を残さなかった男の歴史

（ある木靴職人の世界1798-1876）

A・コルバン
渡辺響子訳

一切の痕跡を残さず死んでいった普通の人に個人性は与えられるか。古い戸籍の中から無作為に選ばれた、記録を残さなかった男の人生と、彼を取り巻く十九世紀フランス農村の日常生活世界を現代に甦らせた、歴史叙述の革命。

四六上製　四三二頁　**三六〇〇円**
（一九九九年九月刊）
◇978-4-89434-148-7

LE MONDE RETROUVÉ DE LOUIS-FRANÇOIS PINAGOT　Alain CORBIN

〈売春の社会史〉の傑作

娼婦〈新版〉㊤㊦

A・コルバン
杉村和子監訳
山田登世子＝解説

アナール派初の、そして世界初の社会史と呼べる売春の歴史学。「世界最古の職業」と「性の欲望」が歴史の中で変容する様を鮮やかに描き出す大作。

A5並製　㊤三〇四頁　口絵一六頁
㊦三五二頁
（一九九一年二月／二〇一〇年一一月刊）
各三二〇〇円
㊤◇978-4-89434-768-7
㊦◇978-4-89434-769-4

LES FILLES DE NOCE　Alain CORBIN

啓蒙の世紀から性科学の誕生まで

快楽の歴史

A・コルバン
尾河直哉訳

フロイト、フーコーの「性（セクシュアリテ）」概念に囚われずに、性科学が誕生する以前の言語空間の中で、医学・宗教・ポルノ文学の史料を丹念に読み解き、当時の性的快楽のありようと変遷を甦らせる、「感性の歴史家」アラン・コルバン初の〝性〟の歴史、完訳決定版！

A5上製　六〇八頁　**口絵八頁**
六八〇〇円
（二〇一一年一〇月刊）
◇978-4-89434-824-0

L'HARMONIE DES PLAISIRS　Alain CORBIN

歴史家コルバンが初めて子どもに語る歴史物語

英雄はいかに作られてきたか

（フランスの歴史から見る）

A・コルバン
小倉孝誠監訳
梅澤礼・小池美穂訳

〝感性の歴史家〟アラン・コルバンが、フランスの古代から現代にいたる三三人の歴史的人物について、どのようにして英雄や偉人と見なされるようになり、そのイメージが時代によってどう変遷したかを論じる。

四六変上製　二五六頁　**二二〇〇円**
（二〇一四年三月刊）
◇978-4-89434-957-5

LES HÉROS DE L'HISTOIRE DE FRANCE EXPLIQUÉS À MON FILS　Alain CORBIN

資料のない歴史を書くことができるのか？

知識欲の誕生

（ある小さな村の講演会 1895-96）

A・コルバン
築山和也訳

ラジオやテレビのない、フランスの小村に暮らす農民や手工業者たちは、どのようにして地理・歴史・科学の知見を得、道徳や公共心を学んでいたか。一人の教師が行なった講演記録のない講演会を口調まで克明に甦らせる画期的問題作。

四六変上製　二〇八頁　**二〇〇〇円**
（二〇一四年一〇月刊）
◇978-4-89434-993-3

LES CONFÉRENCES DE MORTEROLLES, HIVER 1895-1896　Alain CORBIN

西洋史を貫くプラトニック・ラヴ幻想

処女崇拝の系譜

A・コルバン

山田登世子・小倉孝誠訳

現実的存在としての女性に対して、聖性を担わされてきた「夢の乙女」たち。「娼婦」「男らしさ」の歴史を鮮やかに描いてきたコルバンが、神話や文学作品に象徴的に現れる「乙女」たちの姿をあとづけ、「乙女」たちに託された男性の幻想の系譜を炙り出す。

カラー口絵八頁

四六変上製　二二四頁　二二〇〇円

（二〇一八年六月刊）

◇978-4-86578-177-9

LES FILLES DE RÊVE　Alain CORBIN

史料のないものの歴史を描き出した話題作

静寂と沈黙の歴史

（ルネサンスから現代まで）

A・コルバン

小倉孝誠・中川真知子訳

小倉孝誠＝解説

静寂や沈黙は、痕跡が残らず、文書に記録されることも少ない。歴史家にとって把握するのが困難な対象だったこれらの近代ヨーロッパにおける布置を描き出し、現代社会で失われつつある静寂と沈黙の豊かさを再発見する。

カラー口絵八頁

四六変上製　二二四頁　二六〇〇円

（二〇一八年一一月刊）

◇978-4-86578-199-1

HISTOIRE DU SILENCE　Alain CORBIN

「物語」のように読める通史の決定版

キリスト教の歴史

（現代をよりよく理解するために）

A・コルバン編

浜名優美監訳　藤本拓也・渡辺優訳

イエスは実在したのか？　教会はいつ誕生したのか？　「正統」と「異端」とは何か？　キリスト教はどのように広がり、時代と共にどう変容したのか？……コルバンが約六〇名の第一級の専門家の協力を得て、キリスト教の全史を一般向けに編集した決定版通史。

A５上製　五三六頁　四八〇〇円

（二〇一〇年五月刊）

◇978-4-89434-742-7

HISTOIRE DU CHRISTIANISME　sous la direction de Alain CORBIN

現代人の性愛の根源

世界で一番美しい愛の歴史

ル＝ゴフ、コルバンほか

小倉孝誠・後平隆・後平澪子訳

九人の気鋭の歴史家と作家が、各時代の多様な資料を読み解き、初めて明かす人々の恋愛関係・夫婦関係・性風俗の赤裸々な実態。人類誕生以来の歴史から、現代人の性愛の根源に迫る。

四六上製　二七二頁　二八〇〇円

（二〇〇四年一二月刊）

◇978-4-89434-425-9

LA PLUS BELLE HISTOIRE DE L'AMOUR　Jacques LE GOFF & Alain CORBIN et al.

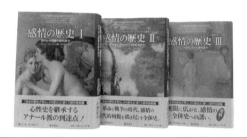